U0015413

You Only Fall in Love Three Times

The Secret Search for Our Twin Flame

我需要你的愛，更需要找到自己

靈魂伴侶、業力激情、雙生火焰——
從此生必將經歷的「三段愛」，了解愛情的最終使命。

Kate Rose
凱特・蘿絲——著
黃意雯——譯

獻給曾經懷疑是否該放棄尋找永恆之愛、懷疑自己是否注定孤獨此生的你。請繼續追尋、繼續相信。要知道，真愛永遠會在對的時間出現。本書也獻給我愛的所有人，那些曾經相遇和還未相遇的人。本書也獻給我最不可思議的兩個女兒，艾瑪和艾比蓋兒，你們永遠都是我最動人的愛的故事。

目次

親愛而甜美的狂野之女：

也許你問過自己，為何還找不到你的永恆之愛？

唯有當你完全了解什麼「不是」愛，你才算真正準備好要體會什麼「是」愛；也唯有到那時，你才會遇見有勇氣愛著真實的你的那個人。

你或許會在一杯杯的威士忌中遇見這個眼神狂野的戰士；或是在某次咖啡師將你的中杯雙份濃縮和他的大杯摩卡搞混的機緣下偶遇。也許你曾經見過他，但時空必須使盡洪荒之力，才能為你創造出這個時刻，讓你得以看見真實的他。

不論這一刻何時到來，你一定會知道。

這和你態度太過認真無關。親愛的，而是與你為一個不知足的人已付出太多有關。

當你遇見這個敢於愛你的人，我親愛的甜美狂野之女啊，你會感激還好那不是發生在你還在另一段感情關係之際。

而且你也會理解，先前的每一段感情就像北極星，都是帶你一步步進入他的臂彎的導引。因為對大多數人而言，每段逝去的感情都曾讓我們心碎得以為走不出情傷，無法繼續。然而，隨著時間流逝，我們突然發現，曾以為的天造地設，也不過是自己的一廂情願。

受夠一次次無助地撞牆和當面被甩上門的冷風後，你終於懂了，你值得一個會對你讓步的愛人；因為敢去愛這樣的你，才值得你的愛。在暴風雨般的衝突矛盾中，你獨一無二，而且無需旁人評判。

你有特殊的魔力，能將平淡無奇的事物化為令人驚艷。

你淺淺的微笑就能令人雙膝發軟，心跳加速。在他之前的那些男人只在意自己，而沒真正注意到你，這不是你的問題。那些感情其實打從一開始就注定不會長久。

你是這樣的女子，每天早上沐浴在希望中，洗去昨日的錯誤，迎接嶄新的挑戰。

你是這樣的女子，帶著追隨瘋狂的夢想而遺留在腳下的閃耀星塵，在雨中漫舞。

你一直知道自己是為愛而生，當你遇見這個似乎對你永遠充滿興趣的男人，你能感受到他擁有你過去的愛人所沒有的勇氣。

這個人也許不是你一直在追尋的戰士；也許人生的顛簸使得他黯淡無光，然而他在你面前展現的，是無畏你炙熱眼神凝視的勇氣。

他不會退卻，也不會讓你說服自己放棄愛情，因為他此生追尋的，就是像你這樣的女子。

這個男人、你的戰士、你的雙生火焰，不僅會讓你知道為何他正是你命定的第三段愛，也會讓你了解為何其他人得出現在他之前，而你過去為愛所流的每滴淚都有其意義。

因為，我們偶爾會遇見讓我們拋開戀愛指導手冊的人。獨一無二的你，卻生在一個頌揚同質性的世界。雖然彰顯你的與眾不同並不容易，但是當你遇到這個男人，你便會豁然理解箇中原因。這從來都與你和其他人不同無關，也不是因為你不值得被愛。我親愛的甜美狂野之女啊，你需要的只是一個有勇氣去愛這樣的你的人。

的確，你有過幾個對象，曾經心想他們是否就是那個對的人；或是你曾經輾轉床榻間，想著性愛關係是否能更好一點。當然，還有一些人讓你忘了你曾經想過，除了表現良好才會為人接受外，生命中還有其他重要的事。

也許你之前嘗試過愛的滋味，但這次你才真正沉浸在愛當中。

雖然你沒有想跟愛人合而為一的欲望，但其實你想沉醉其中，希望每一吋肌膚都感受到愛，從髮梢散發出那份無拘無束、自由自在的喜悅。

親愛的，其實你全都想要。

你想要一份時間會為之靜止的愛——一份讓你像天上繁星快速轉動、天旋地轉的愛，同時也要像甜美的蜂蜜般緩緩流淌，恰如其分的香甜。這份愛必須堅固，卻能在你最痛苦之際給予你最柔情的呵護。你想知道前方有什麼在等著你，但如流星劃過暗夜般的偶遇有時也是必要的。

是誰說「全都想要」是不對的？這個願望為何會被視為不切實際？我想，最大的問題在於，你為什麼要相信別人的想法？

其實，通往永恆的路程有時比預期的更遠。

真希望我能告訴你，追求真愛有公式可循，只要照著做，就會有幸福美滿的結局；只是，你其實已經試過了。也許他跟你在一起兩年，只留下一堆債務和床底下那雙穿爛的球鞋；或許這段感情的唯一回憶就是你的孩子。不過，一切都是值得的。正是這些過往，將你帶到這個時刻。

能做的你都做了，甚至還多做了點。你讀遍自我成長的各種新書、添購最新色的唇膏和那件洋裝，每晚卻依然獨眠。你心想自己究竟是哪裡做得不對，怎麼每個人好像都那麼快樂，唯獨你例外？

如果你每件事都做對了呢？

如果你之所以必須踏上目前正經歷的這段旅程，不是因為它困難重重，而是因為你我經歷的艱辛旅程，正是通往我們的核心、通往真實的自己的歷程？

它不僅傷損了你的靈魂，甚至留下烙印，讓你懷疑自己是否會孤獨終老，是否真有一個人願意和你一起在午夜奔馳，驅走那些「如果……」的念頭，一起想像一個隨心所欲的人生。

問題是，你必須先成為真正的自己，才能吸引到你要的一切。

接受自己最黑暗的那部分會令人畏懼，那些我們從小就被耳提面命要仔細藏起的部分，因為展現瘋狂的那一面並不禮貌。我們不僅沒將之視為是自己個性中令人驚豔的特質，也沒有意識到那正是我們跟那些只會說「請、謝謝」、卻從不會為自己心之所向而流露感情的「超完美嬌妻」的區別。我們反而掩蓋、吞下這些特質，直到真實的本性令我們窒息。

我們不僅從根本埋葬了自身美好的特質，也一併葬送了塑造出你我本性的那些部分。因為我們內心深處害怕無人願意全然接受我們、愛著我們，對，忠於自己的我們。

當你願意擁抱自己血液中淌流的狂放野性，就算他尚未發覺，你也能在人海中辨識出眼中閃耀著和你相似的光芒、一直在尋找像這樣的你的那個人。你心中一直深植著想要更多的渴望，他也是。他歷經先前的兩段愛情，一路風塵僕僕來到你身邊，才能為你、他的永恆之愛，做好準備。

親愛的甜美狂野之女，準備好擁抱自己的野性了嗎？

儘管過往的心痛和合乎邏輯的理由全都勸你不要，但你準備好要敞開心扉，再次相信永恆之愛了嗎？

你準備好拋下旁人希望你成為的女性形象，和期待你過的生活了嗎？是時候寬宥過往，跟過去的自己和你愛過的人和解，邁步踏上未知之路了，那條帶領你我通往熱情與創意、隨興自在，以及過去從未想過能擁有的愛情之路。

序

愛情的使命是什麼？

起初，我們以為愛能斬妖屠龍，是一股讓我們在愛人的臂彎中感到安全的力量。隨著年齡增長，歷經幾次心痛甚至心碎之後，我們突然懂了，愛情不過是一種貨幣，一種能以物易物及交易的東西。然而我們真正想要的，卻依然是個謎。

我們不禁懷疑：愛真的存在嗎？

愛是由無數的短暫片刻合組而成，是永不止息的行動。我們選擇，一次次，向某人展現我們在乎。

愛是名詞，也是動詞。它是我們在向人生的混亂低頭，浸濕了愛人柔軟的法蘭絨襯衫的淚珠；它是深夜兩點當世界都已沉睡之際，在暗夜中迴盪、讓我們笑到肚子發疼的笑聲。愛是感覺，也是行為，一種展現自己靈魂中對另一個人深切情感的方式。

但愛不只如此，它是無盡的動力，驅使我們變得更好、做得更好，也鼓勵我們的伴侶一起成長。愛是工具，我們藉著它去學習、成長，蛻變成更有自覺和更好的自己。

事實上，愛是一個人學習如何與自己、他人，以及和世界產生連結的方法。我們不是天生就知道和他人順利建立關係的規則，或是該運用何種工具得到快樂。相反地，我們付出極大的代價在學習。歷經各種試煉與錯誤，我們終於知道愛是什麼，同時也知道實際去實踐愛會是什麼感受。

認為愛單純就是一段與某個伴侶的關係，其實是誤解。愛其實有三個階段，我們需要從中成長，才能成為最完美的自己。就像人不是一出生就會跑步，我們同樣很少能在初戀便能全心全意且天長地久地去愛。我們反而注定要經歷創傷、心碎與自我（ego）的欲望，才能超越自己原本對愛的認知，進而發現愛的真義。

有時，我會想，如果我跟我的第三段愛情彼此在更年輕時相遇，各自都沒經歷過婚姻，也沒有孩子，我和他是否就能繞過我們的課題，直接奔向幸福快樂的結局？然而我在自我省思中領悟到，對我、對所有人來說，那都是不可能的。因為，若沒有走過那些歷程，我也無法成為在他已是最佳的自己時所需要的那個我。

回顧過去的愛，不但每段各有千秋，各自也都拓展了我的視野。希望第一段感情能是唯一的愛，雖說這聽來十分甜蜜，但愛其實罕見如此。

愛毫無預期地出現，不是為了讓我們生活平順，也不是為了撫慰欲望。它之所以出現，是為了幫助我們走完尋得自我的旅程。

因為愛是讓宇宙運行的力量，是我們內心的最佳表現，也是充滿靈魂之吻的感覺，以及實現我們希望真實的自我能被了解、受喜愛、獲照顧等這些全宇宙共同的願望。愛與一切矯飾無關，它只關乎真實。

愛是我們前進、成長與超越自己已知極限的力量。愛理應讓我們更好。

愛很單純，但不簡單——愛是一切。

人此生只會有三段愛

不論我們是誰，住在何處，你我此生都只會經歷三種愛的原型。更重要的是，其中兩種原型——靈魂伴侶及業力之愛——有著共同的使命：它們必須徹底結束，才能留有空間給予第三段、也是最終回的雙生火焰。

在結束與靈魂伴侶的感情時，我們通常會懷疑自己是否還能再去愛人；在激烈的業力之愛終結的那一刻，我們可能會發誓，此後寧可憤世嫉俗地度過無數漫漫長夜，也永遠不願再去愛人。所以，當第三段愛前來叩門時，不論我們的內心如何雀躍，乞求再給愛一次機會，理智卻無法確定自己是否能再次承受。

其實，我們必須歷經這三種愛情，才能領悟愛對我們的教誨：我們是誰，我們真正要的是什麼。

平順的愛情故事不會動人

每當我的客戶面臨感情關係中的挑戰或障礙，我常告訴他們，沒有愛情故事會因一帆風順而動人。沒有哪部賣座的愛情電影，是因為一開始就有快樂的結局而躍上銀幕！

很多人會因為愛情未在自己規劃的時間裡出現，或是發展不如預期而沮喪。我們忍受關心的朋友一針見血的結論。他們說，對方若是想在一起，自然就會跟你在一起。這說得或許沒錯，然而說到愛情，其實沒有一體適用的準則。

有時候，他的確想跟我們在一起，但時機就是不對。

知道自己經歷過、或是正在經歷哪個階段的愛情，會有助個人成長。但我們無法為了更快到達第三段的愛，而加速這整個過程。

這很重要。請記得每段愛都有它具有啟發性的時刻，所有回憶都將跟隨我們，不論心會將我們帶往何方。透過個人的三段愛情來了解自己與生命，不僅是一個絕佳的過程，也是一段帶領你從放下自小就被灌輸、對於愛的觀念開始，到最後擁有充沛的勇氣，由自己為愛寫下定義的旅程。

這段旅程不只與愛有關，也是一段關於「你是誰」的旅程。

靈魂伴侶

靈魂伴侶之愛教導我們與他人產生連結的意義。它通常是我們經歷的第一段感情。我們那時還年輕，也許是在中學階段或才剛畢業，還是個天真又不切實際的理想主義者。女孩與男孩相遇，墜入情網，或許就此步上紅毯，從此過著幸福快樂的日子。

這是我們兒時讀過的童話。

我們在還沒真正認識自我之前，仍遵循著那些童話的指示：所有我們認為應該為社會、為家庭做的、甚至是我們個人的信念，全都基於這些指示。我們相信，這會是我們唯一的愛；不論我們是否不太確定對這份愛的感覺，或是得在這段關係中隱藏一部分的真我，才能讓感情走下去——畢竟，我們懂什麼呢？愛不是顯然就應該如此嗎。由於這份愛是以我們的家庭及社會的規範為基準，這份愛不會對我們造成太大的改變；這份愛，波瀾不興。

通常，這段感情會來自與我們相同的地理環境與社經背景。對方很可能就是父母一直為我們設定的對象，一切理所當然，加上我們感受到外在的認可與鼓勵，自然不會去注意自己內心為何會有一絲絲的違和感。

在這種形式的愛情裡，我們相信他人對我們的看法，甚過自己內心的真實感受。

這第一段的愛就是我們的靈魂伴侶。我的靈魂伴侶是我的中學戀人。那是一段無與倫比的天真無邪之愛、甜蜜之愛。

我們會輕易墜入情網，甚至一見鍾情。因為靈魂伴侶就如同我們的靈魂家人，可能是我們累世相遇的靈魂，直到彼此互為友伴。這個人讓我們覺得自在，因此我們誤以為如此感覺能地久天長。我們可能會跟他訂婚，甚至步上紅毯；有時我們也會離開他們，展開自己的生活。

靈魂伴侶日後會再回到我們的生命中，提供一張安全的救生墊，協助我們療癒自己，邁進下一個人生篇章，這正是你我在歷經業力之愛後迫切需要的協助。我們知道自己在這段關係中應盡的本分，即使我們深知那並非我們想要或需要的。我們有時還是會躲在這段感情中，因為一想到得走向未知的未來，便心生畏懼。

不論是真的對，或只是感覺對，這段感情最重要的一點，就是在外人看來，這段感情就是對。

業力激情

這是一段痛苦的愛，一段教我們認清自己，以及我們想要與需要如何被愛的愛情。業力之愛通常會藉謊言、痛苦與控制等慘痛的教訓，對我們造成傷害。

我們有需求也有欲求，我們在進入業力之愛的關係時，仍未察覺需求與欲求的不同或重要性。需求是可討價還價的，但核心的欲求卻是無法讓步的（日後更是如此），這是我們會從業力關係中學到的課題。

這段愛情常會以出其不意的方式接近，因為它完全不像靈魂之愛，它會令人驚訝，甚至驚心動魄。它不走慢慢培養感情的路線，而是一開始就進展神速，打得火熱。由於我們太習慣在這段關係中爭吵後充滿激情的和好，如此的循環模式使得我們意識不到自己已被傷得多深。

業力之愛的最困難之處，就在於我們不解為什麼自己怎麼做就是不對。眼看只差那麼一小步就能走到理想中的愛情啊！我們依然相信，只要我們的作為能取悅對方，就能讓自己值得這份愛。然而每次試著想做得對，結果卻總是每下愈況。

我在自己的第二段愛情裡過度樂觀太久。我太希望這段感情能依我設定的故事情節發展，因而忽略了現實，也因此願意保持沉默。畢竟與自己熟識的惡魔相處，要比冒著風險去探尋真正的快樂是何等樣貌來得容易。在這個階段的感情中，我們還在尋求自身之外的快樂。我們認為問題就出在這段關係，而我們能去修補它，卻不願認清所有的不愉快其實全都源於自己的不快樂與選擇。

在第一段與第二段愛情中，害怕的感覺占了極大部分：害怕別人怎麼看我、怎麼說我，害怕失去伴侶的愛、害怕不知如何讓這段感情成功，害怕要怎麼知道這段感情該結束了，怎麼知道何時或如何展開新人生。因為我們還沒回歸自身，所以只能繼續向自身之外尋求答案。

有時，我們的第二段愛會是病態、不對等，甚或自戀的，也許還會參雜情緒與／或心靈的控制或虐待，甚至是身體傷害。這段感情很可能也會非常戲劇化。這正是我們何以會對這些情節上癮：情緒極度高昂與極度低落，就像雲霄飛車。我們在低谷時緊抓不放，靜待直衝雲霄之際再次到來，就像毒蟲企圖解癮。

壞消息是，第二段愛情可能會成為一種循環，一種對象雖然不同、狀況卻一再發生的循環。這是因為我們相信結局無論如何一定會不一樣。

好消息是，正是因為這份痛苦之愛找上門來，我們才能解決自己所有的混亂與不堪，朝前邁進。經歷過這段愛，我們將蛻變成自己從沒想過可以成為的人，做到自己的能力始料未及的事。這是一份就算它永遠不會是對的、但我們仍希望它是對的愛。

這段愛也會挑戰我們，不只挑戰我們願意為愛付出多少，還挑戰了會在過程中為愛去傷害誰。這個「誰」，對大多數人來說，往往就是自己。

企圖讓這段感情能夠成功，反而變得比思考這段感情是否應該成功來得重要了。我們沒有停下來細想自己的所有作為是否應該。我們將自我價值投入這段感情中，希望它能順遂成功，於是，它便藉著摧毀我們的自我意識作為結束。然而這只是開始。現在我們可以開始重建，踏上尋找自我的旅途。

雙生火焰

這是一段我們始料未及的感情。這時的我們終於成了獨立自主、完全的自己，而這個人會以出乎意料的方式令我們完整，同時也以各種可能的最佳方式挑戰我們。這樣的愛不會輕鬆容易，因為第三段愛情的目的不僅要讓人在關係中彼此相伴，也是要讓人以獨立個體的身分蛻變成最佳的自己。雙生火焰通常看似跟我們毫不相配，至少初次相見時我們會這麼認為。他們似乎是在摧毀我們一直以來對愛情所有根深柢固的看法，但這份愛最後來得竟如此容易，讓人覺得不可思議，而彼此之間的連結難以解釋，也讓我們驚訝。

此時的我們若非已發誓過不再去愛，不然就是已奔回靈魂伴侶的安全港灣，尤其是在歷經第二段的業力之愛的災難後，很難相信這次能有所不同。此時的我們通常年紀也比較長了，已經歷過刻骨銘心的感情，或是有過幾段婚姻，甚至還有了子女。遠離愛情遠比冒險再度心碎來得容易。

然而，不論花費多少時間和心力去抗拒這份愛，我們終將發現，這份愛在我們不注意之際，已逐漸取得我們的信任。突然間，這個我們避之唯恐不及的東西顯現了它的真貌，而我們再度陷入愛裡。這是第三次，也是最終的一次。

這是一段我們將跟某人攜手共度，而且就是適合我們的愛——在當中，個人行為既沒有典範與期許需要追隨，更沒有需要成為另一個人的壓力。我們以自己此時已是的狀態而被對方接受——這令我們為之震撼。在此之前，我們不斷在愛裡掙扎，企圖讓愛來滿足我們，或是希望它能成功。所以這段全然輕鬆、毫不費力的感情反而讓我們覺得膽怯不安。這時要知道，世上確實有無需費心爭取的愛，它甚至無需你開口要求。

雙生火焰不是你我原本想像中的愛，也不會遵循我們為了讓感情順遂而遵守的規則。這份愛打破了所有既定的觀念，不僅跟我們對永遠的伴侶的認知大相逕庭，也顛覆了我們對感情的舊有期待。

我們可能已從前兩段感情中學得課題，但只有在第三段愛情中，才被要求將學到的教訓付諸實行。我們不僅要了解從中學到了什麼，或自己已成為什麼樣的人，同時也要真正做出不同的抉擇。第三段愛情就是讓我們把事情做對的機會，因為我們終於來到一個能夠察覺不同之處的境地。

這是一段不顧多久才能得到回應，都會持續敲打我們心扉的愛情。因為某人若是你的永恆之愛，就沒有什麼能毀壞這段感情。這是一段你逃避不了的愛情。

不是每個人此生都能經歷這三種愛情，不過，或許那只是因為我們還沒準備好。如果始終困在第一段與第二段感情的循環，便無法為迎接第三段愛情做好準備。

我們也許需要用一輩子去學習每次的課題，或者，如果堪稱幸運，只需要幾年。

幸運兒

當然了，有些人只愛過一次，就覓得一段恆久、熱切、至死方休的愛。在那些褪色或泛黃的照片中，爺爺奶奶看起來就像結婚照片裡那樣彼此相愛。這些難能可貴的伴侶雖然不像我們注定要歷經三段愛情，但這不禁也讓我們懷疑，我們是否真的知道如何去愛人？

這些伴侶並非比較幸運，能夠一起成長與進步；他們學到的課題跟實際經歷三階段愛情的人所學到的是一樣的——他們此生的使命就是一起進步、成長。沒有哪種方式比較正確，或哪種錯誤較多，也沒有哪種方式比較艱難，單純就是我們的靈魂在這此生做出的選擇順序而已。

有人曾經跟我說，這些人都是幸運兒。也許吧，但我認為，我們這些歷經考驗才來到第三段愛情的人，這些因為無數的獨眠夜而徹底放棄愛情的人也同樣幸運。因為這跟我們是否準備好迎接愛情無關，而是跟愛情是否為我們準備好有關。要記得，過去從來沒成功過，並不代表現在也不會成功。

這一切終究取決於自己是否囿於愛的方式，還是能毫無顧忌地去愛。我們可以選擇跟初戀在一起，那個看起來是個好人，會讓大家都開心的人；也可以選擇跟第二段愛情在一起，並且相信無需爭取的愛情就不值得擁有。

或者，我們可以選擇相信自己的第三段愛情。

一個不用任何大道理就能讓我們感到舒適自在的人；一段沒有狂風暴雨、而是如同風雨過後的夜晚那樣寧靜祥和的愛情。

也許第一段愛情有其特殊之處，第二段愛情則是特別得令人心碎，但是，第三段愛情有其令人驚豔的地方。

我們沒有預期它會出現。

它讓我們了解為何之前的戀情都無法成功。

長長久久。

正是這份可能性，永遠值得你再試一次，因為你永遠不知道何時會遇見愛情。

第一段愛

靈魂伴侶

那個看起來對的人

第一部

美夢

我們的日子從此幸福快樂

當我們遇見靈魂伴侶，那份愛彷彿能天長地久。不論發生在十六歲，還是四十六歲，一旦嘗過迴盪至深夜，勾勒出月亮輪廓的熱線電話的甜蜜滋味，我們便難以自拔。

在初次感受到愛的那一刻，我們就無法、也不想回頭了。因為在初遇這份愛之際，我們就已寫下故事情節。我們簽下與他共度此生的契約，品嘗所有隨之而來的滋味。初戀的感受如此強烈，強烈到我們幾乎相信自己已找到永遠的真命天子。

然而，初戀未必是我們停泊的港灣。我們通常事過境遷之後才了解，這是一個看似能「融入」我們生命的人。這個人通常是我們自小受到家庭或社會所期待，要一起共同生活的那種人。雖然我們會說，父親情結或母親情結這種陳腔濫調不過是為不良的感情關係所找的藉口，但其實你我在孩童時期的經歷，不僅奠定了我們對愛情的定義，也設定了我們對關係的期待。

我的初戀已是幾十年前的往事，但我仍記得他打電話來時，我內心飄飄然的感受，還有我躺在床上，雙腳靠牆，看著窗外，心想：「這就是我的愛情啊！」儘管當時我還青澀，卻也發現自己看過、為片中浪漫過頭與叛逆的青少年流過淚的無數電影情節，竟也在我的生活中真實上演。

這個男人——或者其實只是個男孩——符合我當時的許多條件：我們的背景相似、有共同朋友，而且相處就是那麼自在！如今回頭看，我能理解我根本不可能不愛他，因為一切就是那麼自然。然而，人就是需要時間和歷練，才能懂得共同點未必能當成愛情關係長久、甚或個人滿足的基礎。

感覺就是這麼自在

靈魂伴侶關係中相處的舒適自在，往往會讓人產生一種命中注定、甚或生命因此完整的感受。靈魂伴侶之愛是一個累世與我們共同穿梭遊歷的人，但又與業力之愛或雙生火焰不同。我們在當中不會具體學習到重大的課題，也沒有那些令人著魔的能量羈絆或強烈連結感。它更像是一世又一世回到老朋友身邊。所以，相遇之際，那種「噢，原來你在這裡。我一直在找你呢！」的感覺便會油然而生。

為何有些人會難以從這段感情中邁步離開？不是因為我們只想要或只需要他們，而是因為對方讓我們感覺如此熟悉，如此自在。

電影《籃球之愛》（Love and Basketball）就完美闡述了這種形式的愛情。莎娜．拉森（Sanaa Lathan）飾演的莫妮卡，與歐瑪．艾普斯（Omar Epps）所飾的昆西是鄰居，順理成章也成為青梅竹馬，兩人同樣熱愛籃球。離家就讀大學迫使兩人分離，彼此的距離不僅帶來分離之苦，也帶來維持學業與運動員生涯是否該繼續的壓力。當他們發現這段感情的基礎在於兩人彼此都能自在，因而選擇分手時，的確令人沮喪。他們後來在成年時破鏡重圓，這是電影中感人的一段情節，莫妮卡與昆西一對一打籃球，這再次闡述了靈魂伴侶的真諦和啟示。

要了解這種愛，就必須先了解人的生命不是只有這一世而已。每個人並非僅是一具軀體，而是輪迴數世的靈魂。正因為如此，每個人都有一個靈魂家族，家族中的靈魂輪迴成不同樣貌，共同穿越數世。我們有時是朋友和情人，有時是母親與孩子，無論如何，我們都在一起。靈魂伴侶就只是靈魂家族中的某個人。這也是為何靈魂伴侶往往令人難以割捨，因為相處實在舒適自在。但不幸的是，如果一直待在舒適圈內，我們的靈魂便無法繼續成長。

這倒不是說愛情理當困難重重，但為了能不斷以個體的身分成長為最佳的自我，我們的確需要接受挑戰，超越自己的界限。靈魂伴侶雖然美好，實際上卻無法挑戰我們，讓我們突破自己的舒適圈。

靈魂伴侶就是我們能夠一再回到他們身邊的那個人，而且每次感受都相同。

說到初戀的複雜與糾結，我想到《戀愛時代》（Dawson's Creek）這部九〇年代的電視影集。凱蒂・荷姆斯（Katie Holmes）所飾的喬伊是個長相甜美，性格複雜，出身貧困社區的女孩，與詹姆斯・范德比克（James Van Der Beek）飾演的道森、她的兒時玩伴相戀。喬伊與道森的愛情關係紛紛擾擾又分分合合，最終，他們選擇從情人變為朋友——這個爆炸性的結局本身就暗示著靈魂伴侶的關係。

我們總希望能有靈魂伴侶相伴，事實上，我們無法想像沒有他們的生活。一旦分離、或是展開自己的新生活時，某些情況下，我們一開始會茫然失措，這也是有時我們在人生遭逢艱困時，會回來身邊的通常是我們的靈魂伴侶，而我們也願意跟對方再試一次的原因。

靈魂伴侶往往出現在我們人生較早的階段——想想我們的童年、中學甚至大學時期，嘗試各種關係，無以名狀又飄忽不定的那幾年。這也是一段日後將會再度回歸的感情，如果只是短時間的話。很多時候，靈魂伴侶就像我們的預備方案，因為他們永遠都在那兒。我們有時甚至會跟他們結婚（再一次！）因為我們相信，再度相聚就是因為注定要在一起。

喬伊在費盡心力離開道森後，找到了自己永恆的幸福，但這也要到她開始多為自己著想、思考自己要的究竟是什麼之後才能發生。這個問題有部分是因為童話故事確實太過誘人。

我們都希望墜入情網，而且地久天長，畢竟，我們苦苦掙扎想知道，若無法長長久久，那麼愛到底有何意義？

於是，初戀就這樣走進我們的生命，而且好似命中注定；這個人彷彿就是命運安排要跟我們在一起的，我們因此全心投入。也因為這段感情通常出現在我們年紀較輕時，因此全心投入未必代表會步入婚姻，但這確實表示我們全心承諾這段感情，而且對共同的未來抱有夢想。這意味我們認為可能相守到永遠，也表示我們臣服於希望這段感情不只是最初、也是唯一的那個自己。

人人都想要一段美好的愛情故事

我們希望遇見某人，接著一見鍾情；想跟中學時的情人結婚；想要電影裡的那種愛情；我們希望如此劇情能真實上演，因為那不僅是我們對童話故事的憧憬，也是對人生能照著自己規劃前進的期望。

我的客戶布莉特當時跟她的伴侶一起來找我。他們相信彼此互為雙生火焰，來找我是希望能更深入了解。第一次通話過後，她私訊問我能否只接她這個客戶，不要連同她的伴侶，因為她隱約有些疑慮與擔心。這個男人確實把她當成公主對待，她的生活也有如童話一般。然而我們常忘記，就算是寫給孩童看的，童話也隱含著黑暗的一面。經過好幾個月的課程後，布莉特的內心已經強大到能說出這段關係不是她真正想要的，就連她的靈魂對這段關係也不再覺得舒適。

先前她無法成為真正的自己，過程中也沒有感受到全然的支持——她愛的其實是她跟對方共同構築起來的童話。

當然，我們的通話有段時期談的都是進展過程，以及她發誓要從此遠離愛情。她說：「我不需要任何人，這是我第一次對自己覺得開心。」布莉特不知道，這正是美好的愛即將出現的特徵。因為一旦我們不再追尋愛，愛往往會自己找到我們。

時間快轉到布莉特突破自我的幾個月後。她遇見了她的第三段愛情，對方輕鬆自在地走進她的生活，不是因為雙方毫無有待克服的障礙，而是因為兩人都決心這次要做得更好。

我們認為動人的愛情，實際展現的通常不同。雖然我們得不到童話般的愛情，但可以克服它的黑暗面。我們仍能擁有長遠的愛，只是它的真貌有別於你我的想像。

這甚至不是我們「自己的」理想標準。大家遵循的終究還是這樣的人生規劃傳統：上大學、畢業後找個工作、找個人結婚、安定下來、買房、養兒育女，故事結束。大家都這樣，不是嗎？問題是，我們絕對不能以別人的信念或概念，去定義自己認為的「從此過著幸福快樂的日子」。

自己的故事要自己寫。

的確，在靈魂伴侶之愛最濃烈之際，我們都會相信自己什麼都懂。但隨著年紀漸長才真正了解，在那段青澀歲月，我們真正明瞭的實在不多，還有許多有待學習。在那段和靈魂伴侶的關係中，所謂理想的愛，通常是指去愛一個大家期待我們去愛的人。當然了，還有過著別人認為我們應該過的生活。

當我們還是孩子時，童話、電影，還有朋友或家人告訴我們的故事，潛移默化地教導我們何謂浪漫的愛；我們是從自己周遭所見的感情關係中學習。我們還小時，很少會坐下來和父母討論，什麼是建立一段緊密而穩固的關係的基石，或是培養自我之愛何等重要。我們聽到的不過是理當找個好對象、然後成家立業的期望。如此而已。於是，靈魂伴侶似乎就是我們應該共結連理，展開人生的那個好人。

靈魂伴侶之愛是一段甜蜜的感情，或許不是令人神魂顛倒的那種，但某種程度上也能讓我們得到滿足。然而，這種滿足通常還是基於自我。我們從這段感情當中得到的滿足，來自於從外界獲得的成就感，因為我們正在做別人期待我們去做的事。處在這段感情初期，就像是站在世界巔峰，自己的未來明白地呈現在眼前。我們覺得輕鬆無憂，因為此刻一切看來是那麼舒適自在。

我們的父母和家人都喜歡這個對象，當然了，完全不訝異，因為這個對象正是他們一直教導我們要帶回家的那種。靈魂伴侶毫不費力地融入我們的家庭，彷彿一直都在。事實上，他們往往會更像是家人。雖然我們受靈魂伴侶吸引，但我們跟對方之間的感情會更像是家人之間的愛，這正是這段連結吸引人的地方。我們設法擁有這段家人期待我們該擁有的愛情，這意味在這段關係中，我們的行為很多時候會是出於「我應該」、而非「我想要」的動機。

這不是說我們無意和靈魂伴侶共築人生，只是一旦選擇了更深遠的關係，便會發現，這段感情未必是因為彼此之間存有強烈的愛或連結，而是因為他們似乎就是別人認為最適合我們的那個人。在這個人生階段，他人的認同與意見對我們來說是最重要的，因為那對我們仍在發展中的自我有鼓勵作用。我們的人生此時歷經的時間與經驗，還不足以讓我們真正發現自己是誰。

扮演我們的角色

我們這時還不了解，我們可從自己所做的選擇當中，得到和依照一味被教導的概念而做的選擇相同的滿足感。

事實上，我們在這段感情中不會時常自問「我是誰」，甚至想都沒想過，因為我們認為自己什麼都懂。我們覺得自己和周遭其他友朋一起成長，做同樣的事、同樣的選擇，父母也喜歡我們交往的對象，所以似乎真的也就是這樣了。

我們還沒意識到，這個相戀對象反映的，其實是我們自小就被家庭灌輸要找的那個伴侶形象。

因為靈魂伴侶是生命旅程中重要的人，通常會與我們的養育者十分相似，不論這個養育者是父母或家庭其他成員。靈魂伴侶常會是一個我們認為擁有自己父母所有正面特質的人，這也是「嫁給一個像爸爸的人」或是「娶一個像媽媽的人」這種說法的起源。這是我們的初戀，也是目前唯一認識的外在對象，所以我們真的有可能和自己人生中的第一段關係、也就是我們的照顧者——不論是雙親或其他養育者——有相近本質的人墜入愛河。無論是否跟生物學有關，在初戀對象身上尋找照顧者的特質，這個模式永遠存在。這是我們知道、也會延續下去的。這給予我們極大的滿足感，因為只有靈魂伴侶之愛會讓人覺得自己在遵循那些為了愛和人生而加諸於我們的規則。

這可能是為何跟靈魂伴侶分開會如此困難的主因：一旦了解愛情其實沒有實際規則，我們便會開始質疑那麼自己所知的究竟是什麼。所以，我們通常會在一開始說服自己已走入「幸福快樂的日子」，用盡理由說服自己留在這段感情中，切勿背離規劃，堅守自己的人生願景。

然而，這樣的願景雖是我們自小就被灌輸該去擁有的，卻未必是為我們個人量身訂做。

為童話故事傾心

我不能說自己在人生初期就常去思考婚姻之外的事，我在輔導過的無數女性身上也看到這個情況。我們墜入愛河，期待結局能如童話般快樂，雖然沒有人停下來問過，灰姑娘在說「我願意」之後，她是不是真的快樂。

我沒問過自己，初戀是否能有助我成長、他會不會是個好爸爸；我從來沒想過我們該如何共度人生的難關，或者他的精神信念是什麼。相反地，我看到的就只是呈現在我面前的他——他的肉體。我沒有忽略其他事物，只是當時我確實不在覺醒階段，因為那不是我認為的自己和我認為的人生。

在愛的這個童話故事階段，我們沒有圍坐在一起，想想是否活出了我們最棒的人生，當然也不會去思考人生的目的。甚至在我們喜愛的電影中，就拿《新好男人》（Good Deeds）來當例子好了，我們也沒看見當中人物有將分享人生目標與使命當成愛情的一部分。不，我們從小就被灌輸要去相信、並期待出現的會是個「王子」，一個前來拯救為生活而煩惱的女子，捍衛傳統性別角色的人物。

這樣的信念認為：我們真正需要的就只是愛，應當追求的，則是跟某人處在一段關係裡。

就拿瑞秋來說吧，她以為她已覓得幸福快樂的日子。她在海外讀書時認識了這個男人，他似乎符合了她對人生伴侶要求的所有條件。畢業後，兩人結了婚，有一個孩子，生活看似完美——直到瑞秋再也無法忽視如此生活其實並不美好的事實。在瑞秋的例子中，她深陷在結婚、買房、養兒育女的傳統觀念裡，導致她完全忽視了丈夫的真實本質，以及他長期以來不健康的舉動。

瑞秋的確得到了她的童話故事，她幸福快樂的日子，只是持續得不如她想像的長久。

幸福快樂的日子，是的，這個信念相當真實，但前提是狀況不出人意料、計畫沒有偏離、失望並不存在，當然也不會心碎。我們可以閱讀童話，也同意這些故事缺乏可信度，因為我們都知道，其實我們對於人生的進程根本無計可施。事實是，幸福快樂的日子並非我們能經歷的愛的最高形式。事事完美無缺、從不出錯、令人滿意，這並非我們希望的。我們希望的，是一個能在黑暗中握住我們的手，幫助我們重見光明的人；是一個在我們生病時守候在旁照顧我們的人。

我們真正希望能從愛情中得到的，未必是那個能帶來童話般愛情的人，而是能在人人都得面對、滿是掙扎的現實生活中施展魔法的那個人。

靈魂伴侶的回歸

或許，要在經歷過第一段愛情之後再回頭說起這些並不難。只是當你身處當中，還要認清這段感情不會長久，則是另一回事。這也是為何在歷經了其他段令人心碎的關係之後，我們常會回到靈魂伴侶身邊。我記得，在某段讓我心力交瘁的漫長關係終於結束後，我的靈魂伴侶再度回到我的生命中（謝謝囉，社群媒體！），那種感覺就像回到自己的老家。儘管我和他最後一次談話是在十三年前，但那毫無影響，我們立刻接續起當年分開時的話題和自在感。

雖然我不會再去找他，但這不表示我未曾念及他；即使現在，他偶爾仍會出現在我腦海裡。但我知道，跟靈魂伴侶就是這樣——也許我們五十年後會在養老院裡重逢，彼此仍會立即出現火花以及相同的自在感。

他在我人生某個階段出現，當時我已遍體鱗傷，或許還是最淒慘的時候，我甚至不知道自己究竟是誰。

在互傳訊息好幾個禮拜之後，他邀我出去喝一杯。我不確定自己有何期待，但那種感覺很好，我知道不論發生什麼事，我跟他在一起都是安全的。那正是我彼時需要的感覺。我們約在某間酒窖酒吧，燈光昏暗得恰到好處，也許這樣他就不會發現我其實是一團糟。當我像個稱職的假文青那樣喝著接骨木莓馬丁尼時，我再度感覺到這個男人也許就是我的未來。但他隨後所做的才是現實。當他起身要去洗手間時，遞了一張布滿歲月痕跡、滿是摺痕的紙條給我。他說：「我帶了這個給你。也許你需要重新記起真正的你。」

我微笑收下字條。桌上的燭火在褪色的藍墨水上投映出柔和的光線。我慢慢發現那是我十五年前寫給他的紙條，我在上面描述了自己當時是什麼樣的人。那正是我在那當下需要的東西，因為我已經忘記自己是什麼樣的人，我忘了自己的價值；在一路走來的人生路上，我忘了我與生俱來的火焰。

回想起來，這個溫柔又讓人充滿安全感的人回到我的生命中，協助我回想起少女時期的我是個怎麼樣的人，那個在世界令我混淆、懷疑自己之前，我所認識的我。他的復返不是為了成為我的未來，而是這樣我才能展開後續旅程，追尋我注定要成為的那個我。當我進行這段從過去邁進未來的旅程時，他就像是緩衝，幫助我療癒了一段甫結束的感情造成的傷口，接著我才能靠自己邁步向前。通常，在被人狠狠傷害之後若能找到一個舒適圈，感覺會很好。所以我試著說服自己，也說服他，彼此是對方的永遠。

不是因為我們那時錯怪了彼此，所以才沒有有結果，而是因為他是我的第一段愛情、我的靈魂伴侶，所以他的職責就是在我最低潮之際再度現身，協助我往生命的下一個篇章前進。

很多人不願離開靈魂伴侶，唯一的原因很簡單：似乎在他們之後，就不可能有更好、更能包容我們的愛情了。可是我們無法明言為什麼會這麼認為。我們不解，對於認清自己是誰或偏離人生計劃，為何仍心懷恐懼。

我們還無法用言語說明，不知道自己真正想在人生中得到什麼；過多的選擇令我們害怕，因為，每件事若是都有其可能，我們又該何去何從？

所以，事後回想，我們待在靈魂伴侶身邊的時間，通常都比應該停駐的時間還久。因為儘管可能無法以靈魂形式共同成長，但在他們提供的舒適圈中，我們感到十分安全。他們不會鼓勵我們離開去追求成長，所以我們在這段關係中可能會停滯不前。我們有時會在人生中因盲目去愛而滿足，或因為某件事看似是對的，就停留在當中，就算它有時讓我們感覺不對勁也不在乎。

我們在這個階段選擇停駐在一段愛裡，因為此時旁人看待我們的眼光，要比我們對自己人生的真實感受或想法來得重要。

可是該做的我都做了

初戀只是這趟旅程的開端，甚至算不上是為了讓他人快樂而做的有意識的決定，單純只是因為想維持現狀而已。在我跟許多優秀女性共同合作的諮商課程中，我看到許多人跟自己的靈魂伴侶走入婚姻，也有了孩子，卻不明白為何現在沒有覺得更快樂。

在一個特別的案例中，思慮清晰又有見地的安娜初次和我聯繫時，正處於精神進化領域所稱的「靈魂的黑暗」時期。在這個時期，你會覺得所有準則全都消失，你不知道自己是誰、該何去何從、又為何會在這裡，彷彿世界全都分崩離析。但是從外在來看一切卻又很好，這樣的狀態也使得事情變得更為複雜。

安娜的覺悟讓她意識到，即便她已經為自己的人生做出所有正確的抉擇，她還是沒有得到她自認應得的快樂。她和大學時相識的好男人成婚，彼此都事業有成，買了房子也有了孩子，卻感覺自己處在靈魂的最底層，生活也快要令她窒息，而且不知該往何處去。「可是該做的我都做了啊！」我聽過無數諮詢者這麼說過，而我總是這樣回應：「是啊，女孩，這也是我的疑問！」

靈魂伴侶以合理的美好生活，輕易地成功贏得我們的心，而我們通常要在許久以後才會了解，這種生活不是我們真正需要的。直到不知第幾次重新整修廚房，或是終於去了一個大家都會去的地方渡假，卻還是身心俱疲，我們才開始思考：「天啊！這真的是我的人生嗎？我的人生此後都是這樣嗎？」問題就在於，所有我們讀過的童話和看過的電影，故事在主角結婚後就結束了；在他們深情擁吻或是說出「我願意」之後，電影便就此落幕。

我們在童話中不會知道，所謂「幸福快樂的日子」在歷經十年的婚姻生活、又生了兩個小孩之後，究竟會成為什麼模樣。

對一些和初戀結婚的人來說，也許基本上仍堪稱幸運，因為他們找到一個不論生活再怎麼變動、仍能一起成長的人。然而，即使這當中極少數的伴侶，我也懷疑他們有多少人敢說自己的這段戀情有個「幸福快樂的結局」。我在一些案例中甚至聽過有人說：「我們在婚姻中倖存。」我們永遠都不應該覺得自己正在一段關係中「倖存」。對那些在第一段愛情就找到終身伴侶的少數幸運兒而言，一切都跟雙方皆能全然接納真實的彼此，以及彼此能持續成長有關。

在剛開始跟初戀、靈魂伴侶交往時，你我還看不清這段關係的全貌。我們沒發現自己是基於家庭的教育和從中理解的準則在選擇對象。我們沒意識到，在還沒認清自己是誰之前，是不可能選擇出終身伴侶的。

最重要的，或許是我們跟任何人都無法保證此後的日子將會幸福快樂。因為人生並非童話，不論有多少人希望它是。

於是我們專注於愛，企圖忘記警示的徵兆。我們對事情有時就是不對勁視而不見，或是忽視其實自己根本無法想像會與對方白頭偕老。我們不願看見彼此的連結有了裂痕，因為一旦承認裂痕存在，就表示我們得做點什麼去修補那裂痕。當我們陷於靈魂伴侶之愛的困境裡，除了這段感情創造出的舒適圈之外，沒有什麼是真實的存在。

我們忽視跟對方相處時，有時會感覺不到自我，自己無法完全被了解；有時我們看著伴侶，覺得自己已比對方成長許多，但因為不想失去這份愛，於是我們閉上眼睛。我們設法對這些明顯的徵兆視而不見，忽視在聽到家人讚許我們做得對時，心中那種空洞感。當他們漠視我們感興趣的事物，我們撇過頭去；當我們跟靈魂伴侶在某些重要事情、甚至根本上顯然不是那麼契合時，我們默不作聲。

但最重要的，也許是我們開始意識到自己堅持這段愛情，未必是因為這個人，而是因為這段關係呈現的童話感。我們想忽視自己潛意識裡的認知，那就是一旦鬆手讓靈魂伴侶從指間溜走，我們就得去面對這段尋找真正自我的旅程初期必須面對的艱鉅任務。

而當這一切發生時，我們便無法繼續待在這段在外人看來美好，但實則根本不太對勁的關係裡。因為我們一旦確定要去尋找真實的自己，就不可能不去面對它。

第二部

現實

有些感情就是不適合，再努力也沒有用

你我都有過這樣的時刻：對示警的紅旗不但無視，甚至在經過時還開心地朝警示揮手，因為我們一心堅持自己已經安排好的計畫，不顧一切。這跟固執無關（雖然固執是原因之一），而是我們無法想像，要是沒有人來定義我們是誰，那自己該如何是好。

靈魂伴侶之愛有許多正面特質，我們用它向世界表明我們是誰的程度，遠高於其他的愛。當你我依循他人對我們的期待去編織自己的人生夢想，很容易就會天真地認為自己什麼都懂。另一個原因，則是我們其實在靈魂伴侶關係初期，就已看到一切最終都不會有結果的端倪，只是不願意承認罷了。

我們不願想到這段關係無法長久，也不願讓這早已編寫在腦中的故事提早結束。

忽視徵兆

我們不僅把自己出賣給這個童話般的愛情概念，過程中也沒有真正地去找尋真我，以及釐清自己究竟想從這段關係中得到什麼。

我的靈魂伴侶是個很好的人，既然如今我已能誠實面對自己，那麼便可以回顧過往，看清楚這段關係為何到第二次（甚至第三次）還是無法成功。有一次，他跟我說：「如果你沒有孩子，我們就能在一起了。」當時我沒將這句話放心上——此舉意味我有意識地選擇了忽略對方在向我傳遞「他無法成為我要的人」的訊息。當時我以為，時間一久，他就會改變想法，畢竟，每當我看著女兒，心想她們這麼討喜可愛，怎麼可能有人會不認為這是跟我交往的額外禮物呢？

其實那時他很誠實。他告訴我，他在追尋童話般的愛情：他想結婚、生兒育女、有個房子。在我停頓了一會兒，吞吞吐吐說出一個就像是我該說的答覆時，就是在那當下，我心想，這不是一段我應該停駐的關係。

我和他對愛的願景不同，不是因為不在乎對方或彼此沒有連結，而是因為我們各自有不同的核心需求。我需要一個人能接納完整的我，包括我狂野又充滿靈氣的女兒。當時我的人生重心是在享受自由、以不同的方式做事、旅行、以及希望對世界有所貢獻，而不是結婚，用傳統的方式全部從頭再來一次。

其實這也無妨，但我們之所以跟靈魂伴侶一起投入這件事，是因為我們希望這段感情適合我們。

靈魂伴侶是很棒的人，讓我們覺得自己變得更好，於是緊緊跟隨，試圖說服自己也許能成為他們想要的人，卻沒有認清自己根本無法塞進對方為他們的人生設定的模具當中。我們無法成為愛人希望我們變成的人，也無法過著對自己而言實為虛假的生活。無論如何，我們無法讓一段注定要結束的關係起死回生。這個概念是，很多人其實都置身在需求並未真正得到滿足的關係裡——不是因為這當中沒有愛，而是因為我們無法改變他人，無法改變他們想從他們的人生得到的東西，或是愛情對他們的意義。

可是，尤其在這段關係的初期，我們關注的重心甚至不在自己，反而將全副心思放在對方身上：我該怎麼讓他覺得我的付出足以讓他想留下？我該做哪些讓步，才能跟他共度一生？當然，還有，我該做什麼改變，才能讓他願意在一起？

我們在過程中從沒停下來想過，這個人是不是我們真正想要的；我們不曾捫心自問，對方是否能滿足我們的核心需求。因為只要當中涉及自我，這個探問的工作就會不斷傳遞給下一個人，而不是由我們自己完成。

莉亞看在外人眼中堪稱人生勝利組：丈夫迷人又有魅力、孩子可愛、她的事業也相當成功，如此人生真是人人稱羨。然而，我們年紀越長似乎對感情就看得越透徹，眼見也未必為真。莉亞在這段婚姻中並不快樂，但她找不到離開的合理理由，所以改變自己的本性還比較容易。莉亞開始放棄自己喜愛的事物，因為先生不贊成；她不再談論對她而言重要的事，因為先生不認同。

這些改變全都發生在她不自覺間。她沒有在某天早上醒來後馬上想著：「我要改變自己，好維繫我的婚姻。」但如此情況還是發生了。我們一步步妥協、退讓，逐漸演變成最後這局面，直到某天我們看著鏡子，心想：「我們是怎麼走到這個境地的？」

靈魂伴侶關係有一個重要因素，在於這是我們的初次戀情。因為我們往往從小就被灌輸如此信念：不可半途而廢，不可放棄，要堅持下去。某種程度上，這也成為上一輩和上上一輩得以持續婚姻關係的最高準則。

我記得有個下午，低斜的陽光透過窗戶灑進屋內，我跟外婆在廚房喝著威士忌酸酒，聊起愛與婚姻。當時我剛離婚，當然覺得那是人生一大挫敗，畢竟我沒能讓一件大家都做得到的事「成功」。外婆在聊天過程中告訴我，她那個年代是不離婚的——但這可不表示夫妻的關係圓滿或是充滿愛。

她告訴我，她認識一對總是以神仙眷侶的姿態出現在眾人面前的夫妻，丈夫其實一直睡在車庫。他們確實結了婚，也的確在一起，卻沒能讓婚姻順遂。

我們此生有多少次執意想得到某些什麼，最終卻犧牲了自己的欲望與需求，只為要將之留在身邊？靈魂伴侶不會以明顯的方式激勵我們精進，不會要求我們跳脫現狀，或是要我們下定決心去尋找自我。這不是他們來到我們生命中的目的。

許多人需要經歷不希望面對或無法達成的考驗，才能激發自己確實在人生路上邁步向前，做出不同的抉擇。那麼剩下的唯一問題就是，我們還要讓一件原本就注定不會長久的事情持續多久？

在這段浪漫愛情之旅的開始，我們讓這段關係帶來的稱謂取代了自己的身分。我們是「某某人的」妻子或女友等等。這些稱謂成了我們的身分，而且通常會令我們非常開心，尤其是我們因此打進一些家人認為很棒的朋友圈。因此，我們不再只是自己，還成了這段關係中的那個身分。

這就是自我對我們為何選擇離開或留下的介入點。自我希望我們以正面的角度為人所見；自我希望我們獲勝，不要落敗，同時，也不希望我們不自在或不確定。改變自己或離開靈魂伴侶，就表示我們得推翻那個渴望這段關係能帶來的身分、安全感與自信心的自我，而且還得看清楚，在卸下靈魂伴侶的妻子或女友的身分後，我們是誰。

探索自己的核心需求

靈魂伴侶在許多方面都會讓人覺得相處起來自在無負擔，而唯一困難、也是最終的決定因素是：我們無法跟靈魂伴侶在一起的同時，又保有真正的自己——然而這一點要隨時間流逝才能領悟。我們需要靈魂伴侶來定義自己，這麼一來，在我們覺得自己受困太久時，才會做出驚人決定，進而發現真實的自我。

我們需要靈魂伴侶容易相處，才能查覺自己需要被挑戰。歸根究柢，我們要先遵循愛與快樂的規則，接著才會了解，真正的規則其實並不存在。

愛情中的每樣事物都在為我們蛻變為真實自我的這條路設下阻礙，同時卻也在協助我們認清，自己究竟需要從另一人身上得到什麼。每個人在關係中都有其核心需求，整體而言就是能從中感到快樂、和伴侶相愛，並且滿意自己的伴侶與人生。當其中有任何需求未被滿足，我們便會困惑，因為其他方面是那麼令人滿意啊。我們此時會設法滿足這個需求，即使它注定無法被滿足。此舉會導致我們潛意識決定要將某個人填進我們生命中的空位，就算對方的本質根本不適合那個空位。

核心需求不僅是走進任何關係的動力，也是關係能否持續的指標。

每個人的核心需求都不一樣，取決於我們是誰、正處在哪個人生階段。即便是同一個人，在不同的人生階段也會有不一樣的核心需求。回想在二十幾歲、甚至十幾歲時，我們對伴侶的核心需求多半是社交性的。我們需要一個能一起玩樂、好約不囉嗦、我們喜歡跟他接吻、也跟我們的朋友合得來的人。隨著年紀漸長，那些需求轉變成要找一個會是好父母、能成為好丈夫或好太太、經濟穩定的人。

可是，只要你是基於外在因素去設定核心需求，就永遠不會真正感到滿足。

當我們在關係中有所改變，對於伴侶的需求也會改變。我們不再尋找只是跟我們的朋友相處融洽，或是讓我們衣食無缺的人，而是開始渴望一個更貼近我們靈魂所需的對象。這可能意味將來伴侶的靈性、悟性或覺醒性對我們來說更重要了，因為如今我們已將這些特質視為自己的一部分。我們很可能也開始渴望一個能激勵、挑戰、淬鍊我們精進的人。這些需求儘管不停在變，但只會在靈魂伴侶之愛的這個階段生根萌芽。

當我們意識到：「好，這可能不是我想要的，但我不確定是否真知道自己要什麼」，這才是真正恐懼的時刻。在靈魂伴侶關係的現實階段，我們會開始更誠實地面對自己——這未必是因為自己有意如此，或是已準備好迎接人生中可能的改變，而是因為我們已逐漸無法不去誠實面對自己。

此時，我們會更誠實地去思考想從伴侶身上得到什麼，也可能開始覺得需要一個人能完全支持我們，渴望一個有助我們全然自在的人，甚至是協助我們更深入了解自己的人。儘管這些都是必要的，但我們沒意識到自己其實還在尋找「另一個人」來幫助我們以一種特定的方式去感受自己，因為我們還做不到。但這其實有助引領我們進入下一段關係——業力激情。

我總是會問諮詢者：「什麼是你無法妥協的？」——那些你不願妥協的就是核心需求與欲望。有時是對方大方地接納你的孩子，有時則是對方讓你衣食無缺，甚至照顧得無微不至。不論你無法妥協的是什麼，一旦深植在核心需求中，將會在展開新關係時提供絕佳的切入點。

開啟「無法妥協」模式，讓你可以淘汰花了好幾個月、甚至好幾年去相處，但各自追求的東西就是不同的對象，如此才能更清楚了解你自己的需求。

還有更俐落的方式。我通常會要求諮詢者將自己無法妥協的事情再簡化，精簡到變成一個名詞。我常把它比喻成徵才廣告：如果你要刊登廣告徵求人生伴侶，你會選用哪種職稱？供給者？養育者？鼓舞者？用一個名詞去定義需求，有助我們了解，一段關係中什麼是對自己最重要的，並且幫助我們專注於此。所以，也許他踩到了幾個我們無法讓步的底線；也許還有一些遠距離的問題要解決。然而，如果他符合我們開的職缺，也許值得試試，看這段關係能走多遠。

這一切的感受與領悟都有其必要，因為那有助我們擺脫需要靈魂伴侶來為我們和我們的人生下定義的處境，進而讓你我擁有為自己規劃人生道路的自由。

這正是我們開始看清真實狀況，不再極力硬逼這段關係要契合的時刻。我們不會因為這段愛已逝去，後續就不再嘗試，然而，這只是為何跟靈魂伴侶分手會變得跟不再嘗試去愛一樣困難的原因之一。畢竟當感覺已經不再，結束總是比較容易。

關係結束不代表愛也結束

當年紀漸長，人生也有了歷練，我們懂得了當初並不是不愛對方，而是愛情起了變化，我們對愛的需求也是。靈魂伴侶是我們的初戀，也是讓愛有了定義的那個人。那似乎就像是我們想要的一切，直到我們開始自問，究竟想從此生得到什麼？因此，這份愛並未真正離開，也沒有逝去，而且靈魂伴侶通常不會以互相憎恨收場。相反地，我們需要時間慢慢理解，和靈魂伴侶的愛是一種恆常，它蜷縮在熊熊烈焰前的沙發上，旁邊還有一本我們最喜愛、讀過無數次的書。

接著我們開始懂了，這段愛純粹就是一種舒適感，雖然它的確是那時我們需要經歷的過程，但無助我們持續走在朝此生必須蛻變而成之人邁進的成長路上。

我不常陷入愛河，可是當我真正去愛，它就是永遠。我的前任之一，一個我以為此後會和他共度幸福快樂日子的男人，在帶來一連串的不良後果與自我理解之後，走出了我的人生。我以為我已經不再愛他，也許那從來就不是愛。然而，當我們的自我不願意承認某件事，它的說服力可是很驚人的。

我對自己、甚至對他坦承我還愛著他，就像是釋放了我自己，因為有時這份愛並未消逝——但這不表示這段關係注定要繼續，尤其是只有單方想要這段關係時。

靈魂伴侶關係的這個階段在在讓我想起由安．海瑟薇（Ann Hathaway）與凱特．哈德森（Kate Hudson）主演的《新娘大作戰》（Bride Wars）。這部電影敘述兩個密友意外地將婚禮訂在同一天，因此展開一連串的競爭。電影中，安．海瑟薇飾演的艾瑪在聖壇前跟未婚夫分手，她說他愛的是以前的她：那個在大學時和他相戀的女孩，而不是現在這個成熟女子。這個情緒當時引發了全世界許多靈魂伴侶的迴響，事情開始有了變化：「你愛的不是我，真正的我，你愛的是你理想中的我。」

為什麼一段本以為能天長地久的愛，突然間會讓人覺得那也許從來不是真正的愛？很難說明。然而，唯一真正改變的其實是我們。當你我更深入了解自己，更清楚核心需求與無法妥協的底線時，我們對愛的定義也會改變。這段關係有趣之處在於，我們和靈魂伴侶的感情，幾乎是因為受到傳統主義的鼓勵才有所發展，當中不是真的有我們個人的動力存在。

有時，你非要到感覺自己飛不了的時候，才會意識到自己是多麼想振翅高飛。有時，非要有人指著一個小盒子，硬要你「擠進去」時，你才會說出「我不要」，而後做出抉擇，找到真正適合你的。

我們得先經歷所有不需要的愛，才能了解自己需要如何被愛。這意味在這個階段不僅核心需求會從符合社會需要，轉變為幫助自己成長，我們也會開始意識到自己對愛的想法改變了。起初，我們常將愛與象徵「永遠幸福快樂」的戒指、純白婚紗和永恆的承諾畫上等號。然而一旦我們不再只用迪士尼式的浪漫觀點去看待愛情，才能開始探索這個既有助長相廝守、也永駐愛裡的情感動力。

靈魂伴侶用他擁有的一切愛著我們。但就像我的一位客戶所說：「我們不可能一直走進五金行，卻期待要在那裡買到麵包。」如此說法也能套用於感情關係與選擇的愛情。許多方面，我們都不是有意識地在選擇靈魂伴侶。我們因為成長背景、社會期待、甚至是相處的自在感而在一起，但這不表示那就是真正所需。一個人用盡一切去愛你，也不代表如此便能滿足你對伴侶的真正需求。

靈魂伴侶永遠不會真正離開，但這不表示他們能留在我們身邊。

認清結束了

這種感覺通常就像是我們在某個時間點拋下靈魂伴侶，但自己成長了；就像他們還塞在一英里外的車陣，我們卻已經到了前方五英里。我們開始感受到這份愛逐漸逼近、對我們有過多期待，於是我們開始讓自己疏離。某些方面，這些新感受確實帶來了挑戰，但我們沒有朝自我成長的方向前進，反而選擇離開靈魂伴侶，只為了拋下當時還跟他們處在這段關係裡的自己。由於我們從來沒有真正選擇這段關係，反而使得這個「沒有真正選擇」變得更加複雜。

我們跟對方共同自作自受，分分合合，因為儘管愛他，但我們一直說不出口、也無法接受的是，這份感情其實並非我們需要的。

我們內心將開始遭逢自己的黑暗面。拋下一個只愛你的人令你心生罪惡感。我們會把這段關係的破裂視為個人的失敗，會在這期間開始追問究竟什麼是愛。我們會懷疑自己的決定，不知道自己是否犯下了人生最大的錯誤。

但你我必須歷經黑暗，才能迎向光明。正因為如此，黑暗的力量將會遍布在下一段關係——業力之愛。

告別靈魂伴侶不是結束一段長期關係或離開所愛之人而已；我們必須確實脫離一種生活與存在的方式。不論我們是誰，是女是男，我們對自己的人生都有個願景，但這個階段不過在是因襲成規，讓自己去融入而已。

結束靈魂伴侶關係，就表示決定對抗主流，逃離別人認為我們應該去做的事，同時也意味會讓我們最愛的人失望。

為了斷絕與靈魂伴侶的關係，我們必須去適應再度單身、約會，以及更遲進入婚姻，也必須自我調整去接受事實，那就是我們要對其承諾的那個人，會跟之前想像的不同。

我們必須完整經歷過所有愛情——靈魂伴侶與業力激情——才能完全學會與體現這些課題。但這就是播下自我精進種子的時候。此時，我們終於有機會創造自己的生命，還能發掘出讓我們快樂的究竟是什麼。

潔米結婚將近二十年了，她直到最近才開始想看清楚。在這個階段，她只知道婚姻中的紛擾與不悅，甚至說不出當中有什麼讓她開心的事。在最近的通話中，她說：「我知道我做得到，日子也還能這麼過下去。可是我在想，我的人生就只有這樣嗎？」

我當時真想穿過電話抓著她說：「當然不是！人生不是只有不愉快！」我還想告訴她，絕對別想著人生就只是「過下去」，就算只想一分鐘都不行。她在談話中提到讓她有此決定的一項原因就是她的子女：她不希望孩子面臨她想過最糟糕的情況——離婚。

比起其他類型的愛，家人與支援系統在這類型的關係中著力頗深。當然了，因為靈魂伴侶正是家人希望我們能與之修成正果的那個人，也因為我們的選擇一直都在依循別人對我們的期待：一步步按照兒時就被灌輸、建構的人生藍圖前進，從來沒有真正了解那是否真能帶我們走向最終的快樂。正因為如此，在離開這些關係時，我們常會覺得那是重大的挫敗。

家人總是隨口就能說出我們讓他們多失望，或是：「你們沒辦法在一起真可惜！明明那麼登對！」彷彿這就是問題，倆人之前的連結與感情好像就只是一種數學等式。

對明白何種愛情才能令人成長來說，認清「你自己是誰」非常重要。儘管我們需要時間才能了解「家人的快樂不等於自己的快樂」這教訓，結束與靈魂伴侶的關係則是我們開始認清，如果此生想要感受到真正的圓滿，就必須跳脫他人設下的期待。要認清自己究竟是誰，就必須停止成為家人希望的樣子。這兩者看似互相牴觸，但在許多情況下，確實別無選擇。

有些人的家庭支持力量可能更為強大，但我們還是需要做出「感覺對」的決定，而不是「正確」的決定。

我們在人生這個階段正要開始成長，窺見真正的自己，但這有時會令你心生畏懼。此時我們能做的，就是學習去信任自己：如果你覺得某樣事物感覺就是不對，不適合你，也不適合你即將蛻變而成的那個人，那麼無需任何理由，相信你自己就好。我們都會為事情無法成功找尋合理的說法—我們興趣不同，走的路不同，然而兩個人無法廝守有時是毫無理由的——唯一關鍵在於：他們就是注定無法相守。

要對自己承認這個事實並不容易，通常得在歷經無數嘗試之後才會來到這個階段。從初次察覺到這段關係的現實面，接著是坦然面對這個事實，到最後開口告訴伴侶，這整個進程十分緩慢。即使這麼做，伴侶一開始很可能也無法接受；他們會拒絕結束關係，說服我們回心轉意繼續在一起，有時甚至會利用我們的罪惡感。

靈魂伴侶很少會雙方同時對這段關係的現實面產生覺醒。永遠都是其中一方會先成長，領悟到這份愛本身雖然自在，卻不是他們真正渴望能從一個有上進心的伴侶身上得到的。我們一旦接受自己的真實面，接著唯一能做的就是讓伴侶看清事實。越是無法為這段關係做出明確決定，那麼要結束、朝下個人生階段邁進的過程就會拖得越久。

要知道，這過程不是要你做出讓別人滿意的選擇，也絕非依照別人的計畫走。畢竟，沒有人是抱著預期終將結束、而且要傷害對方的心態走進感情的，雖然這不表示如此情況不會發生。傷痛會帶來教訓，也能因此更了解他人與自己。

業力伴侶關係中的痛苦大多都來自彼此，告別靈魂伴侶的痛苦則相當深沉，因為在認定這段關係不適合自己的同時，我們似乎也讓周遭的人都失望了。

但它其實跟旁人無關，也跟我們的社會、甚至家人無關，它只跟我們那些破碎的夢想有關，因為我們在內心建構了一段特定的關係，最後卻跟想像的不同。這種情況下，人生已和想像的不同，所以我們要抗衡的不只是自我，還有內心，因為我們的內心往往會因為放棄了我們曾經為他編織夢想的那個愛人而過意不去。

瑪姬喜歡所有的好事。她的個性好，心地更好，她總是想看見每個人最好的一面，她也相信，所有不可能的事都能獲得解決。她相信相愛的兩個人排除萬難，重回彼此身邊這種瘋狂的愛情故事。所以，當她的伴侶出現心理健康問題的徵兆，而且拒絕尋求協助時，她覺得看不清事實，看不清這段關係也許已經無以為繼。這跟她有沒有努力挽回、或是否堅持下去無關，而是她得看清楚發生在她眼前的事情。所以她留了下來；雖然最終還是想離開，但她還是留了下來。不是因為她希望這場已經打到第四局的婚姻能獲勝，而是因為她不知道如何離開她心愛的人。

看清事實並不容易，因為即便對伴侶說出「結束了」，我們當下也可能還沒說服自己。這感覺或許就像在測試某樣東西尺寸是否適合，幾乎就是「不知道要是沒繼續跟他在一起，我會不會比較快樂？」的感覺。我們就困在不知如何結束、前進或退出一段從沒想過會結束、但實則早已告終的關係。

然而，這樣的困境也是過程的一環。在這個階段，我們仍會認為任何事的作法都有對與錯兩種，殊不知其實去做就對了。

我們必須致力追求自己的快樂，雖然日後對快樂的定義與看法會有所改變，但在目前這個階段，就像有人說，我們這輩子只能在街角小店購物，有一天，我們卻被帶到大賣場，目瞪口呆，因為那裡的選擇遠遠超乎我們的想像。

踏進烈焰

每個人都是鳳凰，注定要展開美麗而強壯的翅膀，從灰燼中重生，飛得比自己想像的更遠。可是在這之前，我們得先踏進烈焰。

在這個階段，人生遠比我們想像所及還來得壯闊，絕非只是融入或當個聽話的人。我們有遠比和家人認同的對象結婚，繼而安定下來養兒育女，還沒真正活過就在等死更偉大的使命。可是你若想抓住所有可能，就得先勇敢跳出去。我們必須在下一步該怎麼走還不明的情況下，就選擇放棄一切。這意味我們不會得知所有答案，而且最終必須跳進一個未知的地方。

這時，必須信任我們的靈魂、我們的心靈，並且別再認為「大家好像都比我自己更知道我要的是什麼」。

離開靈魂伴侶之後，人生似乎蓄勢待發，我們沒想過回頭擠進那個大家期待我們擠進去的破爛箱子。但這不表示我們的課題已經結束，這只代表這份和靈魂伴侶的愛不過是起點。就算之後因為業力之愛讓人生幾乎盡毀，我們會再度回到靈魂伴侶身邊，這段感情仍然只是後續要發生的事情的起點。靈魂伴侶讓我們的心靈充滿活力，喚醒我們對愛的美好感受與渴望，這段感情儘管實際沒有成功，卻挑戰我們開始去尋找生命中屬於自己的道路。

除非不得已，否則沒有人會想跳離舒適圈；若非必要，也沒有人會想傷害另一個人；沒有人會把自己視為最優先，除非他們確實厭倦了取悅他人。

靈魂伴侶關係在這個階段有個特點：就算知道彼此不是全然適合，我們還是會回頭再試一次。（哈囉，精神異常的定義：重複做同樣的事，卻期待會有不同結果。）通常要到試過無數次之後，我們才會做出明確決定：真的需要永遠結束這段關係了。在這個階段，缺乏信心會在決定過程中占去一大部分，但這也阻止不了我們選擇不同的生活。我們越是有信心，就越能擔任自己生命的主角。

就算知道已經告終，就算已走出恐懼，都不代表靈魂伴侶永遠離開我們的生命。靈魂伴侶分開後，很少會永遠不再連絡。有時是因為有共同的孩子，可能也只是因為這樣，我們才定期跟他們聯絡。

我跟靈魂伴侶在一起已經是多年前的往事。最近我冒出一個念頭，想問問他過得如何，豈料這對他來說是個奇妙的驚喜，因為他前一晚才夢到我。這真是靈魂伴侶連結中的經典。這不是我們又重新有了連結，或是希望能在一起，我們的靈魂只是打個招呼，互相關心一下而已。他跟我聊起他的生活，還有他自我成長的進展，而我則是和他分享近況。

我們一旦結束跟靈魂伴侶的關係，就不會有肌膚之親的想法，所以有時我們能將他們視為最親近的好朋友。

靈魂伴侶在我們的人生中有一項重要使命，但他們最重要的角色之一，就是擔任你我尋找自我之旅的啟程第一步。我們不再需要身分、舒適圈、劇本、甚至是來自他們或這段關係提供的認可。

一旦時候到了，放手與不再回頭將是由我們自己決定。因為，任何關係若是注定會成功，如果那確實是你的永恆之愛，它現在就一定還跟你在一起——但它沒有。

結束不僅沒關係，這正是這段感情應有的結果。我們此生會踏進的各種感情關係，只有一種會持續到我們年老，只有一種會讓你明白，為何先前跟誰都無法成功。

第三部

課題

自己要先開心，才能讓別人快樂

每個人都有一個與自己獨特的節奏同調的節拍在心中迴響。每當我們漂離自己的本質，它就是在黑暗中呼喚、要將我們拉回自己身邊的聲音。然而，要能接收到這個內在聲音，而且選擇去傾聽，可能會需要一輩子的時間。正是這個傾聽的選擇，讓我們聽到那聲音在告訴我們某件事的重要意義，聽到它不讓我們在平凡乏味中沉睡，而是喚醒你我去注意內心舞動的靈魂。

為我們和內在聲音牽起最初連結的，正是靈魂伴侶。因為，為了真正跳脫這段愛和它的舒適圈，我們也得願意踏上一條從沒想過它竟然存在的道路。由於靈魂伴侶的慰藉如此美好，當這段關係無以為繼，共同體分崩離析，我們往往會因此失落不已。

學習享受這段旅程

對某些人而言，課題會來得比較早，就在關係結束之際——我們也許會隱約察覺自己比先前更了解自己是誰了，即使一開始會因此無所適從和恐懼。「自己要先開心，才能讓別人快樂。」這是我們從這段愛中學到最重要的課題。然而，隨著這份愛結束，旁人也因此不再肯定你我時，我們還是會有些許複雜的感受。世界突然變得如此遼闊，比我們過去以為更難預測！

通常這個課題大多不會來自伴侶——雖然對方可能會說他對我們很失望之類的經典感想，因為我們選擇了一個有別於他們想像中要攜手共度的人生。這個課題多來自我們的家庭，甚至友人。為了將這段關係畫下句點，我們終究得告訴父母和摯友。然而，讓你開心的是什麼，什麼是你最終需要的，定義你的愛情的是什麼，對於這些，他們所知的其實沒有你多。

當我們在成長、成熟為一個已為你我形塑好的角色，就得脫離孩提時期與青春期形成的自我基礎。

對於關係的選擇，有許多都會回溯到「自我—ego」*，因為自我就控制著我們對「正常」的信念，甚至還有你我對真正的自己該認知到什麼程度。只要是基於自我做出選擇——「我應該這麼做」——那就不是讓內在的自己、我們的靈魂去決定。這便意味我們一樣不是真的知道自己是誰。

脫離靈魂伴侶關係的主要障礙在於，此時我們不論自認有多了解自己的需求和什麼能讓我們快樂，其實，你我根本一無所知。就算關係已結束，而且還能跟靈魂伴侶一起回頭檢視，我們還是無法確定希望如何被愛。我們不過是略為意識到什麼是自己不需要的罷了。然而這段愛依然有其使命，即便那使命就是讓人了解這段關係必須結束。這段經驗教導了我們如何去愛另一個人，學習跟他人一起建立人生是什麼感覺。因此，儘管關係終究結束了，但它絕非失敗。

說到愛情，我們常將關係的結束視為挫敗：我們失敗了。我們的伴侶沒能讓我們幸福。然而，沒有任何關係是真的「失敗」，不過是大多數關係注定都會「結束」。這在

*心理學家佛洛伊德認為，人的完整人格是以「本我、自我、超我」三大部分構成。「本我—id」（完全潛意識）代表慾望，受意識遏抑；「自我—ego」（大部分有意識）負責處理現實世界的事情，而「超我—super-ego」（部分有意識）則是良知或內在的道德判斷。

電影情節中可是相當罕見的呢。

瑞絲．薇絲朋（Reese Witherspoon）主演的《愛情齡距離》（Home Again），就是少數幾部傳達了「我願意」並不代表此後人生就將幸福快樂的電影之一。在這個現代愛情故事中，艾莉絲和丈夫分居後搬回洛杉磯的父親家中，最後還讓三個二十多歲的小鮮肉住進她家的客房。這部電影敘述了儘管丈夫表明他對艾莉絲的愛，而且希望能重修舊好，還是挽回不了他們倆枯萎的感情，同時也描述了她和小鮮肉之一隨興又有趣的親密關係。

電影的最後一幕不是婚禮，甚至不是求婚，而是艾莉絲坐在餐桌前，跟前夫、孩子、與三個變成家庭朋友的小鮮肉輕鬆地閒話家常。

這是結束，卻也是開始。很多時候，這是我們與靈魂伴侶會有的結果。這不算失敗，也不是誰的錯，而是這段關係的愛與使命已從永恆的浪漫感受，轉變為家人般的關係或友誼。不是每段愛都會在你我的生命中停駐，但因為靈魂伴侶通常是我們生兒育女的對象，這段感情往往會是一份比浪漫感受持續更久的愛。

瑞絲．薇絲朋的角色最終還是要歷經各種狀況，才懂得讓她開心的是什麼，並且打造她真正想要的生活。她沒有選擇孩子要她搬回紐約的生活，也沒選擇她生命中任何一個男人想要的生活；她堅持自己的底線，知道自己應得的。最後，她選擇的是自己的快樂，而不是其他人的。

選擇你自己的快樂，就是這段邁向自我的旅程的最終定義，這也是我的客戶艾蒂在她的關係中體驗到的。艾蒂在正要迎接各種愛的可能之際，遇見另一半。雖然她對愛情的心態相當務實，但還是相信「幸福快樂的日子」就等同「天長地久」。當伴侶開始欺騙她、形跡鬼祟，最終背叛她時，她覺得自己被撕碎了。

該努力挽回，還是就此離開，她進退兩難。艾蒂不是不愛他，也不是不再相信愛情，只是她在兩人相處時，始終感覺不到她是誰和她應該得到什麼的底線這兩件事有受到尊重。於是，艾蒂最終選擇了自己，選擇了她的幸福，離開她瘋狂愛過的男人，因為她拒絕為別人犧牲自己。

傾聽自己內在的聲音

每個人內在都有一個不是自我的一部分，而是跟靈魂與內心相連結的聲音。這聲音引導著我們的直覺，讓人覺得它說出了你我的真實需求。然而，我們常忽略這個聲音。

我們往往因為邏輯、朋友、家庭，甚至自己編寫的劇本，而習慣說服自己放棄「自己的感受就是最深層的真理」的想法。如此一來，必然也習慣了容許旁人說出他們對於我們怎麼搞砸了人生或做錯決定的看法。

儘管他們深愛我們，出發點也都是善意，但說出口的話有時還是會刺傷我們，或讓我們對決定結束關係產生懷疑。他們不是出於怨恨或有意操控，而是因為我們一旦偏離人生計畫的常軌，就會被視為是這整個體系的安全破口。

就是這個體系在說我們只能聽話長大，接著結婚；必須穿白色婚紗，或是約會六次（想騙誰，三次）後才能跟對方上床。所以，當我們領悟到自己無法快樂，也就無法讓其他人快樂時，我們也是在宣告這個體系是錯的，我們不需要別人硬塞過來的觀念。雖然此時也許會難以呼吸，雙膝顫抖，我們還是踏出了認識自己的第一步。

我遇見特瑞莎那時，她有一張寫滿交往對象應當遵守的長長清單：約會、上床、說「我愛你」、甚至是同居時程表，全都規定得清清楚楚。這張清單至今招來的不過是好幾次的心碎。所以我們開始研究，這張清單為什麼對她來說這麼重要。特瑞莎在課程進行幾個月後意識到，這清單是根據她認為會讓她快樂的事，與她認為應該去做的事所擬定。當然了，毫不意外，那當中還包含許多她身邊親近的人的想法與意見。

但是，要確實到達第三段、也是最終回的愛情，不論會有多難，我們都得有另覓它途、換個方法的準備。所以，我和她開始將重點改放在什麼會讓她幸福，就這麼簡單。我們談到什麼特質是真正重要的，以及為何放下控制欲便能讓她更趨近她真正需要的。

特瑞莎如今跟一個小她二十歲的男人同住。他搬過去不久後就重新裝潢了房子。他們剛結束一段難忘的義大利之旅。他們一起旅行、外出、開心大笑、還有無數讓她感覺年輕好幾十歲的美妙性愛。而這個男人，這個會為她煮晚餐、在疲累了一天後為她揉揉腳的男人，沒有一項符合之前那張清單上的要求。

我們有時必須拋棄所有規則，才能找到真正適合的對象。

特瑞莎的故事在許多方面都跟一九九八年的賣座電影，也是我最喜愛的電影之一，《當老牛碰上嫩草》（How Stella Got Her Groove Back）十分相似。這電影改編自泰瑞·麥克米蘭（Terry McMillan）的暢銷小說，由安琪拉·貝賽特（Angela Bassett）與泰·迪格斯（Taye Diggs）主演。貝賽特飾演的史黛拉因為想擺脫日常生活的束縛，一時興起，前往牙買加度假。當然了，她在當地遇到小她十歲以上，處處都在挑戰她的人生規則，由迪格斯飾演、可愛的溫斯頓。

我們看到史黛拉因為旁人的意見而隱藏自己的愛，以及她應該跟這個男人共度一生的內心故事——這也是許多人的掙扎，沒有意識到阻撓自己放手去愛的，其實正是自己。

電影結尾，史黛拉選擇了幸福，更重要的是她選擇了自己。她學會放下那些尋找真愛的規則和先入為主的觀念。

告別靈魂伴侶，結束一切，也就開始了認識自我之旅。許多時候，靈魂伴侶關係的重點就在於找到結束這段關係的勇氣，以及適應旁人因此對我們產生的失望感。不過，我們此時還沒認清對自己而言最艱難的是什麼。這也是業力之愛為何常會是你我接下來將遭遇到的感情。雖然我們在這段關係之後開始認識自己、測試了自己的羽翼，也看到此生中是什麼能讓我們快樂，但我們仍未體悟到，在更深入去處理那些形塑出你我自認得去成為的那個人的事件之後，我們才能真正明白自己是誰。

這個階段，我們其實正在預備隨後即將到來的業力之愛，而且通常是在不自覺的狀態下。我們以為自己自由了，也感覺到自由，但實則都還是被不安全感、疑慮、創傷，以及和靈魂伴侶分手後該如何在這世上生存的念頭所箝制。我們並非對現實狀況全然盲目，而是此時的眼界實在太過單純。畢竟，注定將進入你我生命、挑戰我們的極限，讓人願意去改變的三段愛情，目前我們也才經歷過一段而已。

但就像世上所有旅程，重要的往往不是終點，或這條路會帶人走往何方，而是我們找到自己的那一刻。當我們離開靈魂伴侶，開始認清自己是誰，我們也許已開始在嘗試新的角色或特質。這是因為當我們還跟初戀在一起時，往往會努力讓自己更符合傳統、甚至適合家庭。而過去在這些領域得保持完美的壓力，如今已不再是我們的肩上重擔，我們有餘裕可去探索其他方面的自我。

你可能會自己出去跳舞直到凌晨三點，跟樓下的可愛鄰居一起暢飲，甚至發誓從此遠離愛情，說自己也許就是注定得不到這個似乎很多人都有的東西。

在靈魂伴侶關係之後，可能會經歷一段試圖向旁人證明我們確實知道什麼會讓我們開心、自己是誰的階段。因為我們在靈魂伴侶關係中開始去辨識那些沒被滿足的需求，而關係如今已結束，我們便不得不去探索那些讓我們與他人有所區別、自己內在的神聖本質。此外，我們在這份愛結束時通常還年輕，因此會認為在進入下一段關係定下來之前，需要多多探索人生。但是，拿跟其他人交往的經驗來分散自己的注意力，跟運用這些經驗幫助自己成長，還是截然不同的。

疑慮不是「再試一次」的代號

在結束關係之前，我們常會想再確認一下，像是希望事態越糟糕越好，這樣才能確信決定分手是對的。可是我們得知道，不確定其實也無妨。不確定並不表示這段關係就得因此繼續下去，或是我們的感覺有誤。

我們對不知何去何從的恐懼，最終還是大過回到一段明知無法繼續的關係。

也因此，有時我們會再給這段關係一次機會，或是質疑自己，直到懷疑別人是否都比我們更了解我們。我們可能也會懷念過去一切都那麼容易，尤其若是又開始約會，或是敞開心扉去認識新的人，感受新體驗時。此時我們可能也會發現和靈魂伴侶的連結實在很特別，認為這應該是回頭再試一次的好理由。

這裡要思考一個重要的問題：你想回頭的疑慮是出於恐懼，還是出於愛？我們是否害怕犯錯、害怕向前邁進、害怕單身？或者，我們的疑慮是因為深愛著這個人？是因為他們似乎也試圖在改變？還是以為這個考驗注定要出現，才能讓我倆的關係更加緊密？

如果這些疑慮不斷出現，那就表示將我們困在這段關係裡的，其實是恐懼。我們最終會明白，這段關係一切都沒改變，改變的是我們自己。當下就結束這份愛，與幾個月甚或幾年後才結束，唯一差別只在於，若是現在就說再見，我們日後偶爾還是會想念這段關係帶來的舒適感與熟識感。我知道有些靈魂伴侶花了十年、甚至十年以上才分手。我的客戶潔絲就是經過十二年、外加生了兩個孩子之後才終於領悟，她不斷回頭的那段感情，其實同時也在慢慢扼殺她。

潔絲一次次回頭，不斷分居後又同居，因為這世上似乎沒有人會像他一樣愛她。同時，她也被「單身」嚇壞了。嗯，不只是「單身」——「一輩子孤單」是她一再提及的話題。當這個恐懼感大到她承受不住，她就會一再回到他身邊。直到她在某天夜裡終於意識到，或許真正的問題並不在對方，也不在這段關係，而是這段關係帶給她的就只是舒適圈而已。

如果沒有永遠離開，潔絲永遠不會知道，在恐懼的彼端有什麼在等著她。

或許有人會說，這聽起來很極端，但對許多人而言，這種自欺式的舒適感就是令人難以自拔。因為這種虛幻的舒適感，我們便永遠無須感受到不確定或恐懼，不必讓自己的人生成為它應有的樣子，只需讓它變成我們想要的樣子即可。當然了，也不必花時間或承諾去尋找真正的自己。

靈魂伴侶的有趣之處，就在於這段關係其實從來沒有真的改變過。不論它才剛開始，或是經歷十二年還生了兩個孩子之後，感覺仍是一樣的——不過，問題也一樣。對潔絲而言，她不斷尋覓的舒適圈最後成了她的牢籠。記得初次通話時，我聽見她哽咽地說：「我不知道我和他怎麼會變成這樣。我不知道我為什麼就是離不開。」

我們有時會將這些時刻浪漫化，認為我們一直離不開誰，因此就是注定要在一起；但這往往只是在利用對方來逃避面對真實的自己，逃避生命為了讓你我繼續成長、探索、精進，而要我們去處理的課題。

結束靈魂伴侶關係，也就是在宣告我們已準備好要去成長，探索我們究竟是誰了。

#真真實實地活出最好的自己

「活出最好的自己」，這句話近年來就像燎原野火席捲各地，甚至還有 #livingmybestlife 這樣標注自己的狀態。然而真相是，我們上傳 Instagram 的許多照片未必真的是活出最好的自己。旅行、瑜珈、冥想或素食並不代表我們確實活出最好的自己。上傳一張改裝後的新廚房或在沙灘上慵懶小睡的照片，也不代表我們真的活出最好的自己，因為「活出最好的自己」絕非用一張特地拍給人看的照片，或是膚淺地濫用這句話就能定義。它，是你內在感受到的事物。

在潔絲的例子中，她沒有失去本性，只是一直沒找到。除了脫離靈魂伴侶關係之外，還有一個令人卻步的任務等著她：在工作和照顧孩子兩頭燒的同時，她還得找出自己是誰。對，這就是她必然要踏上的路。雖然我們必須歷經過一些事情，才能從中學到一些教訓，但這不表示我們得不斷受苦。

放手的技巧與實踐，是另一個常被誤用做為讓自己從某件事中得到釋放的用語。「放手」指的其實是放下你的控制欲，拋棄你心中的畫面與劇本，選擇讓生命和直覺為你指引方向。

這就是「尋找自我」的意義，離開靈魂伴侶和舒適圈，讓自己最終能自由地發覺「#活出最好的自己」對你我的意義。「活出最好的自己」是：毫無目的在跳蚤市場裡漫步，或是在水晶礦石店裡尋寶；嘗試不同風格的服飾，或是獨自旅行；我們要撰寫自己的人生故事。

雖然不可能離開，但留下來會更糟。就是在那些時刻，我們才明白這不僅是因為一段失敗的感情之故，而是因為我們無法做真實的自己，或明白真實的自己意味著什麼。

所以，我們要經歷困難才能學會，有時#活出最好的自己，未必代表要一直處在一段關係裡。

靈魂伴侶之間的性從來都不隨興

雖然我們能從和靈魂伴侶分分合合的關係中學到許多重要課題，但只要還在這段關係裡，就無法真正開始尋覓真我當中最困難的那部分——是的，那也包括了偶爾的勾搭。外面的世界很殘酷，尤其是滿足性的欲望與需求時。然而，只要我們選擇跟一個知道跟他不會有未來的人交換能量，那我們依然會困在過去。對潔絲而言，沒放開靈魂伴侶導致她有了第一個孩子，隨後是第二個；而他們處理結束關係的時間越長，分開就會變得更加困難。

這很正常。很多人都會想和自己交往過、愛過，也知道能與之共享性愛歡愉的人有性關係。但性本身在這當中無法構成關係，它將我們與前任緊緊綁在一起，削弱了我們的動力，阻礙我們朝前邁進。

對靈魂伴侶來說，沒有所謂隨興的性愛。

跟靈魂伴侶維持隨興的性關係越久，就越不可能遇見下一段感情。透過孩子與對方保持長久聯繫也有風險。

賽希莉亞跟靈魂伴侶已經分手，全都結束了。她搬出去，雖然她逢人便說不希望前任回心轉意，但她在心中還是替他留了個位置。所以當兩人開始頻繁互傳簡訊，他問是否能去看看她，因為他很想念她——她說好。她再次認為結果也許會不同。那如果還是沒有不同呢？嗯，她最後一次性愛已是六個多月前了，她渴望肉體的親密接觸！

一個月後，賽希莉亞的驗孕棒上出現小小的粉紅色＋，她以為也許這個孩子能讓情況不同。雖然她一年前就搬出來，雖然她了解這個男人，也知道有千百個理由不該回頭再試一次，但她還是抱著小小的希望。也許這一次……

也許這一次會不一樣。

然而她最終盼到的不過是多糾纏了好幾年，多分手了好幾次，直到終於明白這段關係絕對行不通。

哭倒在廚房地板上

我很愛哭，我就是這樣。但我從來沒像在結束靈魂伴侶關係時哭得那麼慘。我真的心碎。我癱倒在廚房水槽前的地板上，哭得無法遏抑。我不只心碎，也不明白為什麼要經歷這一切，這一切沒有一樣是公平的。

真希望我能說，我在兩個女兒面前有振作起來。但好多次，小女兒會過來躺在我身邊說：「沒關係，媽媽。我有時候也會哭。」有時，她就真的陪我一起哭。

正是哭倒在廚房地板的那些時刻，才讓我發現這段尋找自我的旅程中所需的最重要武器——重新再起和繼續向前的力量。

結束與靈魂伴侶的關係後，我們可以過得更好、變得更好，但這絕非真正最好的生活與最佳的自己，因為我們仍得走過一個由自己一直隱匿、甚至自欺的東西建構出來的黑暗世界。

活出最好的人生不是那些上傳網路、無憂無慮的照片，而是即使身處混亂時刻，你也能展現出來的沉靜自信。

活出最好的自己就是滿意自己，不只是喜歡，而是愛上所有因為你的真而出現的鳥事；是無需為誰感到抱歉地活著——未必是無拘無束，因為，實際一點吧，生活可是很殘酷的，當你心碎、失業或人生天翻地覆時，這世上可沒有任意門能供你逃離。所以，活出最好的自己，就是知道自己若是處在最佳狀態，那麼生命也會是這種感覺，不論我們是要前往親師晤談、準備登機前往下一趟冒險，或是深情親吻生命中的至愛，直到永遠。

我們與靈魂伴侶的關係，間接且無意識地啟動了這段需要我們親身去探明真相的旅程。

一旦滿意自己，我們便處於平靜狀態。這不是不與人爭或變得自滿，而是我們接受了此刻的自己，臣服於現實的原貌。結束與靈魂伴侶的浪漫愛情，就是找到說出這句話的勇氣：「我愛你，但更愛我想成為的那個自己。」

當我們決定優先考量自己的幸福，而非先顧慮他人的看法，並且恪遵的那一刻，就打開了發掘幸福對我們真正有何意義的大門。

活出最好的自己是一種承諾，一個過程，以及對靈魂保證絕不虧待自己。我們需要滿意自己，認為自己有價值，才能感受到自己值得某些東西。就算是無意識地，我們也能感覺到自己其實對自己並不滿意，這正是在靈魂伴侶關係之後會進入業力之愛的部分原因。

在創傷復原之前，我們的血仍會繼續滴落在與這些傷口無關的無辜者身上。在能不帶批判和偏見，接受自己的本來面目和自己是誰之前，我們仍會讓那些自言自語說著負面、自我侷限言詞的人圍繞在身邊。

知道自己是誰，是一個去熟悉自己的夢想、好惡、抱負、動機、契機（觸發我們行動的事情）的複雜系統。就算所有過往的創傷經歷至今都已痊癒，傷口也癒合成了淡色傷疤，我們還是不時會被觸發。然而每次觸發都能帶來更深層的療癒，進而對個人的靈魂有更深層的認知。

要活出最好的人生與成為最佳的自己，你需要相信你值得那些對於自我、人生和各種關係的最深層渴望。要知道，父母婚姻失敗不代表你的婚姻也會失敗；父親拋下你，也不表示所有男人都會離你而去；這就是相信自己值得擁有大家都說你絕對是瘋了才會相信它存在的那份愛。

隨著離開靈魂伴侶和時間流逝，我們也會意識到別再跟家人或朋友圈那麼地「沆瀣一氣」。這是領悟到，不論旁人對我們和學生時代的戀人或門當戶對的乖乖女結了婚有多開心，最終都跟我們的真理不在同一陣線上。與自己的真理同一陣線，就是比只是活出最好的自己更朝前邁進一步。

靈魂伴侶之愛的唯一使命就是結束——不是失敗，而是結束。如此，我們才能學到迫切需要的珍貴課題；如此，人生才終於能朝前邁進。

這當中最重要的課題是，你得成為創造自己人生傑作的那個藝術家。你若是要畫出一幅偉大作品，可不會將畫筆交給你的母親、姊妹或是鄰居！相反的，我們會坐下來想像，我們會看到自己想呈現在畫布的一切。

這是生命的歷程：我們必須去體驗，嘗試不同事物，才能確知那是否適合我們，是否注定將成為構成這個稱為「生命」之傑作的部分。

愛是自我成長的工具

愛不只是愛，還是自我成長的工具。越早接受這個事實，就能越早敞開心胸面對自己的人生，以及它為我們準備的各種可能。愛從來不會以我們認為或期待的形式出現；它會不期然地以一個陪你在黑絲緞床單裡繾綣，在你耳畔低語令你酥軟顫抖、甚至從未料到有人會這麼對你說話的愛人的身分現身。

將愛視為成長與體驗人生的方式，就意味愛永遠不會失敗。我們不需要別人的認可，或是由旁人來說我們做得對。我們無須恐懼關係若是結束了怎麼辦，因為結束通常不是最糟糕的情況，拖延太久，或是不去體驗生命的可能性才是。

曾有某些時刻，心痛的感覺強烈到我幾乎無法呼吸；更糟糕的是我找不到出口。在那當下我什麼都不在乎，只在意我愛的對象此時不在身邊。我甚至無法想像自己離開這個照護者的羽翼保護。

我不只心碎，而是完全無意振作。我不願安然無事或變得更好，卻過著沒有他的人生！扮演傷心人的角色就是我的劇情，我完全不在乎經歷這段感情的原因和它的最終使命。

然而，有時我們的唯一選項就是大罵自己：「鬼扯！」我們得成為一個決定成長、有所改變，接受當下事實的人。於是我厭倦了扮演傷心人，厭倦了睡前抱住自己低聲說「你是被愛的。」終於，我厭倦了自己，接著我開始尋找，不，是挖掘任何能夠解釋我的感受的原因。

這所有的經歷，都讓那當下成為我致力成長，並對未來的自己付出心力的時刻。

跟靈魂伴侶一起當父母

結束跟靈魂伴侶的關係、開始人生另一個篇章，一向並非易事；若是還牽涉到孩子，那就更加困難了，因為親情連結永遠都在。這表示我們得處理得更加細心謹慎。

我們對靈魂伴侶必須心懷感激，感謝對方為你我生命帶來的一切與愛的體驗。

這段愛必須轉化為柏拉圖式的關係，因為，既然我們想當一對關係健康的父母，就不會希望以「爸爸或媽媽這禮拜會來嗎？」之類的問題讓孩子困擾。

儘管這是一段愛的旅程，卻也是一段關於真實的歷程。一旦你領悟到這一點，此後便不會再重蹈覆轍。

賽希莉亞如今明白，她選擇了跟她曾愛過的男人共同擔起父母的責任。她曾經希望這段關係能有所不同，最後只發現無法如願。先前雙方都在試圖改善關係的那幾年，她也有過一段看似美好的時光，直到男方再度不忠，粉碎了她認為一切都會好轉的希望。

不論對哪一方而言，以欺騙來脫離關係都是懦弱的方式，此舉常出現在有意維持一段注定無法長久的關係時。有時，我們的欺騙行為是潛意識裡希望自己能被逮到，然後由伴侶、而不是自己來結束這段關係。又有時，那只是我們想在目前這段關係結束之前，展開新戀情的拙劣手法。

不論原因為何，這重點無關有人欺騙的事實，而是欺騙背後的原因。對賽希莉亞而言，她知道伴侶對她並非全心全意，心中另有愛人，但她也知道他很在乎孩子，所以有時她會以此做為籌碼，要他投注心力讓這段關係能成功。

雙方就這樣持續好幾年，直到最後她厭倦了獨自心碎，於是選擇退一步，只扮演共同教養的角色。在賽希莉亞做出如此抉擇後，他們倆都需要釐清這是什麼意義，必須重新協調出界線，學習如何用性來解決問題，以及當對方覓得新對象時，又該如何為對方高興。

跟靈魂伴侶共同撫養子女，就要接受彼此的界限或極限可能會模糊不清。這意味你在互動的友好程度，要求對方是以孩子的父母、或你的伴侶的身分在支持你的這些方面，分寸拿捏要十分堅定。

靈魂伴侶可以共同養育子女，但前提是得在關係中建立健康的界線觀念。

泰勒．派瑞（Tyler Perry）執導的電影《單親媽媽俱樂部》（The Single Moms Club），就是很好的例子。這部電影描述了五名非常不同、某些方面甚至完全相反的女子，彼此唯一的共同點就是大家都是單親媽媽。她們的孩子在學校闖了禍之後，校方要求她們要共同舉辦活動。

儘管五個人各有不同，但每個都遭遇到生命中的男人帶來的挑戰，尤其是在設定界限上。從應付控制狂的前任，到近乎完美的父親，每個媽媽都背負著身為母親相關的重擔。

透過經驗分享與同為戰友的感情，她們不僅幫助彼此設下更好的界限，也變得更快樂，更健康。一旦了解設下界限是為了自己著想，而不是自私，我們才能為自己和孩子發聲。

我們跟共同生兒育女的靈魂伴侶永遠都是家人，但這不表示這是一段健康的關係，或是有助自我成長的森林。它只是表示你願意再跟這個人、你靈魂家族的一分子，共同撫育孩子，因為這就是這個過程的課題，而不是因為你應該再花十八年企圖讓這段關係成功，直到孩子高中畢業。

這也跟知道我們也值得得到幸福有關。

接受不完美

翻過這一頁靈魂伴侶的浪漫篇章，就意味我們專注於這段旅程，即使可能心懷恐懼，即使不知道它會將我們帶往何方。這表示我們知道舒適與成長是兩回事；不論我們希望這段關係如何結束，都能接受這段愛無法帶領我們成為最好的自己。雖然我們深愛著靈魂伴侶，但繼續這段關係無法讓我們活出最好的人生。

一份無法觸發我們的愛，永遠無法幫助我們成長。換言之，我們需要那些摩擦，才能繼續讓我們發亮。當我們從靈魂伴侶之愛學會了課題，吸取了教訓，並朝前邁進，就表示我們已準備好去探索真正能讓我們快樂的事物了。我們已經懂得必須先善待自己，才能幫助我們最在乎的人。

我們接受的感情，反映的就是對自己的感覺。所以，要能說出你的幸福是重要的，就是要展開這段根據**你自己的意見**為幸福定義的旅程，這甚至意味你明白了這麼做不是為了他人，而是為了自己。在真正離開靈魂伴侶，拋下那些長久以來不斷在尋求的旁人認可之後，我們才會真正邁步向前。

唯有了解你真正是誰，你才能真正理解愛究竟是什麼。

第二段愛

業力激情

那個我們希望是對的人

第一部

美夢

這次我會做對

人生中，我們有時會執著於「別用同樣的方式做事」，或「將過去拋在腦後」的想法。結果，在還沒完全釐清先前為何失敗時，我們就開始了自以為的全新篇章。

在還沒確實整理好自己，明白那些令人想起過往傷痛的觸發點，當然也還沒真正徹底了解自己之前，我們就踏上了這條新的道路。

第二段愛的出發點雖然好，但因為我們尚未完全斷開舊有習性，也還沒花時間獨處去想清楚自己的「為什麼」，因而導致最終要由業力伴侶關係來教導我們。

不論承不承認，每個人都有屬於自己的「為什麼」：我們做出這些決定、選擇這些關係的原因。這個階段，我們可能甚至還沒察覺自己的「為什麼」。也許你會說這個人讓你感覺很好，這個人不一樣，甚至讓你興奮，用這些常見的說法描述對這個新的業力伴侶關係的感受。

但這些都跟我們真正的「為什麼」不同。

我們的「為什麼」會顧及「靈魂到內心」的連結，這就是為何我們會在人生或感情生活上選擇這條、而不是別條路的理由。這就是「我們在一起很快樂」和「他讓我時時刻刻都想變得更好」這兩種說法之間的差異。我甚至聽過男人只說：「我的為什麼？為什麼娶我太太？簡單啊！我知道我一天都不能沒有她！」

起初，我們沒意識到自己還未完全從靈魂伴侶關係中復原。有些問題可能依然存在：像是自我價值感匱乏，或是早先家庭與社會灌輸的觀念仍影響我們對愛與關係的看法。

愛上的是形象

我們還沒從前段靈魂伴侶關係中徹底復原，便進入了業力伴侶之愛，因此，這段業力之愛的激情將不會是我們一直追尋的「從此幸福快樂」。在靈魂伴侶關係結束後，我們對愛情感到幻滅，不禁懷疑：如果這份愛不是真的，那什麼才是？愛情真的存在嗎？

我們很難想像真有人能做到靈魂伴侶也無法為我們做到的事。我們能否再去信任、再去愛、再去相信我們認為已然消逝的魔法？

即便如此，我們仍舊沒準備好去面對自己內在需完成的工作。業力之愛的存在是為了教導我們面對內心逃避的一切。然而我們此時的覺醒程度還不足以了解這一點，於是，我們愛上的其實是自己投射在伴侶身上的形象。

遇見第二段愛——業力伴侶時，我們常會為之神魂顛倒，甚至一見鍾情。我們迷戀這段新感情，認為這次的做法總算不一樣，這份愛也能確實產生療癒之效，讓你我成為自己一直想成為的人，或是自視為有意義的存在。

我們愛上的，是自己「**想要**」在他們身上看到的所有特質。

我們往往也會愛上希望能在自己身上看到的特質，殊不知此舉不過是圖個自我感覺良好，好逃避得努力去發現「自己是誰」的苦工。

伊帆來找我，因為她不懂旁人、尤其是她家中姊妹的意見，怎麼會對她這麼重要，甚至重要到讓她對自己在感情上的決定與感受起了疑心。

伊帆一家人的關係非常緊密，而且她也跟家人一起工作，這表示姊妹隨時都會對她下指導棋。伊帆感覺自己深受束縛，相信唯有在外地才能做自己。她甚至希望最後能搬離家中。

這又產生了另一個問題：她的姊妹不希望她搬走。於是伊帆真的就拿遠離家人所感受到的自由，當成感情選擇的標準。她住在科羅拉多州，但是常到東岸工作。她在那兒識了東尼，接著徹底陷入愛河。不單是因為她在東岸比較自在，更重要的是，遠離家人和那些令她窒息的壓力和意見，她感受到了自由。

在業力之愛關係的初期，我們還會懷抱與先前的靈魂伴侶關係相同的需求和渴望，想著傳統感情的選項：婚姻、家庭和孩子。我們還是會顧慮家人是否會喜歡這個新對象，以及旁人會怎麼看待。

我們常會因為業力伴侶展現出你我想擁有的特質而選擇他們：也許他們健美又俊俏，渾身散發「壞男人」的氣質，而我們剛好也厭倦了一直在當「好女孩」；也許對方生活富裕奢華，擁有所有那時令我們羨慕或也想擁有的特質。我們也可能因為對方認同我們的欲望與感受，讓我們自我感覺更好而選擇他們。

我們勇敢離開了靈魂伴侶和彼此長久的糾葛，因而也從此舉所需的力量中感受到了喜悅。如今我們想要的東西截然不同。這次我們不會只滿足童話般的夢想，不會只因對方是孩子的生父生母就跟他們在一起；我們要為自己、或看似是為自己做選擇。在這段業力伴侶關係的蜜月期中，我們會覺得自己做到了，彷彿在再次戀愛之前，已逃離了所有實際的自我成長。

這次，我們決心要有不同做法，也堅信無論如何絕不能像上次那樣搞砸。我們沒將這段感情視為是朝真正的永恆之愛再邁進一步的踏腳石，反而會以為業力伴侶正是自己苦苦尋覓的那個對象。

我們跟業力伴侶通常會有個漫畫情節般的神奇邂逅。可能只是擦身而過，說聲「哈囉」後，就展開一段旋風般的戀情；或是工作分到同一組，或是在咖啡店錯拿了對方的咖啡。

就我自己的例子，那是一見鍾情的愛。當時我十八歲，剛畢業，靈魂狂野，滿腦子夢想。所以當我跟一群朋友隨興走在海邊的木棧道較暗的路段時，我不偏不倚撞上那個男人，彷彿我的靈魂早就知道他會出現。

他比我年長一歲，白T恤和黑色牛仔褲的打扮就像《火爆浪子》（Grease）裡的丹尼·祖科（Danny Zuko）。一頭金髮和笑容甜美的我萬分願意扮演他的珊蒂，就從第一晚開始，不論這齣戲會如何進展。

這個主修工程學、在市中心長大的高壯男子深深令我著迷，我就這樣深陷其中，再也無法回頭。

遇見他之前，我對與眾不同、旅行，以及想修讀的科系自有想法，但突然間這段感情卻成了我最關心的事。將我迷得神魂顛倒的不只是突如其來的強大愛情、成打的玫瑰和他呈現的形象，也是因為此人讓我曾經期盼過的故事又顯得合理了。

那個兩人彼此相戀後，日子從此幸福快樂的故事。

清償業力之愛的債

業力之愛的本質，就是其中有必定要發生、而且會得到平衡的業力。

我們常以為業力就是負面的，或是因為某些不好的行為所導致的報應。然而業力象徵的其實是循環：你種什麼因，就得什麼果。業力無正面或負面之分，業力是一種必要。我們固執地依據感受認定事件必然有好壞之別，不理解那些讓你我挫敗的時刻，就跟我們和朋友開懷暢笑的回憶一樣，都是必要的。

只要我們活在這世上，就都有業要清償。

業力有時來自我們的前世。舉例來說，如果前世脾氣不好或個性惡毒，又沒有善待所愛的人，那麼我們此世就會變成那股能量的接受端，如此才能知道那是什麼感受，進而終結那個毀滅性的不良行為模式。就這個意義而言，這不只是業力，而是業力造成的傷口正在接受治療。

這跟我們遭遇的一切都是自找的無關，而是我們需要從中學得教訓。沒有合理解釋能說明人為何傷人，也沒有正當理由可為背叛或不忠辯解，但我們永遠能從中學到課題。我們能選擇看待事情的觀點。**這件事是發生在我身上，還是為了我而發生**？透過這個新觀點，我們能將「被害者心態」轉化為可藉此從中得到收穫，那會令我們更強大、睿智，也更有自信。

很多人在業力關係中都在學習類似的課題，清償不為自己發聲、甘願當擦腳墊、畏懼孤獨、或是期待被人拯救的業債。於是，在還不了解「業力伴侶關係的使命不是要讓這段關係長久，而是要清償我們帶入此生的業債」的情況下，就進入了這些關係。

如同靈魂伴侶會在靈魂家庭中一起穿越時空，業力之愛是前世跟我們糾葛未了的人，所以今生會再糾纏一次。很幸運吧？

我微笑著想起，我對著電話那頭的情人大吼：「我們這輩子還有什麼恩怨要了結嗎？因為我下輩子不想再見到你！如果還有什麼要說要做的，我現在就想做完，因為我下輩子不想再來一次！」

如今我大笑了。但這的確道盡了業力之愛的痛苦之處。如果不願重複這些教訓，就要將得到的教訓發揮到極致，如此才能償清這些債。

如果不是只將業力視為有待清償的債，更是能讓我們學習、成長、覺醒和提升自我的途徑，那麼便能發現，在每段感情和每一世裡償還的債越多，就越能提升自我的靈魂。

這一刻正是發覺真我、為自己挺身而出，拋棄舊有模式，並以不同方式進入關係的時刻。

雖然業力通常與前世有關，但也是我們今生作為的積累。因此，業力之愛也有可能是為了清除我們在孩提時期所累積、但已遺忘的事件而進入我們的生命，或是充作一面反映出「愛無能」（emotional unavailability）的鏡子，如此我們才能學會脆弱地繼續在愛中前進。它是關於記取教訓，從中成長，進而由更高的自我、而非受傷的自我去決定。

業力雖然跟我們清償了什麼有關，卻也跟我們創造了什麼有關。

別忘了帶上腦袋

奶奶此生末年時，我常去醫院探望她。有時我會替波蘭裔的她擦擦指甲油，有時則是帶薰衣草精油給她，每次一定會跟她說說話。

她在我婚姻結束前就患了阿茲海默症，所以我決定不讓她知道。但就像所有奶奶，她似乎就是知道。尤其是某天我和她一起坐在床緣，浸浴在二月的暖陽下。她捏捏我的手，要我下次再談戀愛時，可別忘了帶上腦袋。

我怎能不愛她呢，因為她全都知道。她知道我太過天真浪漫，所以看不清愛的真貌。我永遠忘不了那天她告訴我的這番話，還有那番話對每個人有多重要。

對於業力伴侶的愛和吸引力的感受，往往來得又快又急，快到幾乎令人毫無餘裕去思考和評估彼此的目標與欲望是否一致。相反的，雙方通常只會注意到對方，以及對方帶來的感受。這段關係未必是第一段的靈魂伴侶關係造成的反彈，卻是我們能夠再次獲得認可的機會。

雖然很多人、就連我在內都會說，這次我已經開始成長，不再是過去跟靈魂伴侶在一起時的那個人了。但其實我們根本還沒時間認識自己是誰。於是，我們再次透過別人來定義自己，只是現在夢想、計畫要相守一生的人不再是靈魂伴侶，而是業力伴侶。雖然兩者關鍵的不同處就在眼前，清清楚楚，但我們要不選擇了忽視，要不就是全心沉醉於這份根本還沒真正了解的愛所帶來的喜悅。

此時，除了一段浪漫關係，我們還無法明確定義出自己是誰，這就會反映在我們最後的決定上。

這不是一段真正健全的關係，而且也不太可能長久，通常早期就有跡可循，跡象有時甚至就出現在最初階段。有時是對方的欺騙，或是開始對我們咆哮，甚至在激烈爭執中動手。這段愛打從一開始就令人神魂顛倒，難以自拔，正因為如此，我們若不是選擇忽視徵兆，就是會為他們辯解。

這些徵兆可能是對方對你在社群媒體上得到的讚美感到不悅，或是大吃你某個前任的飛醋，但手法也可能更高明，像是買衣服給你、替你預約美髮，讓你覺得充滿愛意又甜蜜，然而這些都是控制欲的跡象。但是，我們決定這次要做對，於是開始編織藉口，選擇原諒，不斷讓自己墜入愛的痛苦中，卻從未停下來想過，這段關係是否真是一段值得如此費盡心力的愛？

人生的浪漫之旅走到這個階段，有個重要的動力因素，就是對孤單的恐懼。

雖然「對孤單的恐懼」這個因素最初出現在離開靈魂伴侶關係的決定中，但它仍會對我們之後打算多快、跟誰一起進入浪漫關係產生影響。

我們不僅夢想在第二段愛情能做得對，也希望此後日子能幸福快樂。我們依然能決定要為誰傾心，擁有之前想像的生活。我們在許多方面都期待這個新伴侶人格特質強烈，能控制我們，告訴我們什麼可做，什麼不能，這麼一來我們就不必為自己做出選擇。也許我們會搬到他們附近，因為他們希望我們離他們更近，也可能我們不再跟朋友相約，因為他們認為朋友會對我們造成不良影響。

或許我們還會改變工作或信仰，因為相信這是彼此共同的決定。然而這一切其實都是在讓自己變得更像是我們認為對方希望我們成為的人。

潔姐跟我連絡，因為她忘不了前任。不是「啊！真希望我現在還跟他在一起。」這樣而已，她已經走火入魔。她在社群媒體追蹤對方、找藉口跟他聯絡、甚至重複演練可能會互傳的簡訊。這些不只是因為潔姐無法忘懷對方，還因為此人多年來一直替她定義她是誰。潔姐感受到的自信，完全取決於他對她的關注，以及他選擇了她的這個事實。

如今關係結束了，潔姐卻無法放手：不僅因為她對他仍有感覺，還因為她不知道自己是誰，又害怕自己將孤獨此生。她說自己跟他交往時比較快樂，日子也比較好過。潔姐沒有意識到，是她親手把自己幸福的鑰匙交到對方手上，當他離開時，也把鑰匙一併帶走了。

必須了解，我們在這個階段仍會將心力投注於「鏡像效應」上，也就是伴侶會展現出我們自身擁有、包括「愛無能」在內的特質。在我跟無數客戶的合作過程中，好多次，我最後都得問：「對，他是愛無能，以前幾個的確也是。可是，除了把帳全算在他們身上，你自己是否也是愛無能？」

答案永遠都帶著藉口：「因為他們曾經被狠狠傷過，所以不願露出自己脆弱的一面」，或「因為他們害怕展現自己脆弱的一面」，甚至還有「因為他們不知道脆弱是什麼。」然而一切結果就是愛無能，也因此，大家一直在追尋的同樣特質，正是潛意識裡早就有的那些。

在某些方面，我們可以看著他們說：「當然，那絕對不會是我。」我們害怕發現真實的自我，奇特的是，卻會輕易地讓別人替我們填補空白。

業力之愛跟第一段愛情不同，但沒還不到足以挑戰我們，讓我們不要活在自己的混亂中。然而這段關係還是能讓我們變得更好。

雖然我們在業力之愛初期曾承諾這次要做對，但還是意識到了這段感情好比雲霄飛車般的發展模式：狀況好時，一切美妙至極；狀況不好時，沒什麼能比這段感情更糟糕；而當我們處在低潮時，也只在意何時、該怎麼做，才能再攀上關係的高峰。

這些情緒、感受與體驗的範圍，可從旋風式的約會、異國旅行，到演變成肢體衝突的爭執，或是在被騙無數次後尋求治療師協助。

愛意轟炸

這些關係往往會展現出不同的人格傾向與障礙，包括自戀、依附症、控制欲與某種形式的虐待，不論是我們自己還是伴侶，甚或雙方都有。雖然不是每段業力關係都會有上述狀況，但這是一段傷害最終仍會大過對成長和精進有實質助益的感情。

這類障礙起初可能相當微小，甚至會被認為那只是因為嫉妒或缺乏安全感而掩飾過去。這種情況下，我們通常會將責任攬在自己身上，試圖導正伴侶；非但不知道這其實是錯誤之舉，而且更埋下了讓自我更沉淪，又遠離了伴侶的導火線。

自戀者非常自我中心，而且有操控欲，起初會表現出貼心和無微不至的呵護，好像很神奇地就是能了解我們。他們會大獻殷勤，不論是傳簡訊、視訊或是贈送高價的禮物，彷彿希望我們成為他們世界裡最重要的那部分。

但這不過是他們讓獵物上鉤的方式。這就是「愛意轟炸」階段。

在這個「愛意轟炸」階段，我們就是他們唯一的愛。他們會按我們的指示行事，學習更有效地操縱我們的情感。這就顯示出鏡像效應，因為不單我們愛上自己，為了吸引我們，產生連結，他們也會刻意投射出自身其實沒有的特質，以期能和我們互動，產生連結——結果就是我們摔得又快又慘。

愛意轟炸來得飛快，就像旋風。這段關係會進展神速，但自戀者其實是想從你身上得到一些東西。也許這段關係能讓他們感覺被肯定，因為他們通常缺乏自信。但也可能是實際的物質，甚至是他們身分認同的來源，因為他們看到你擁有一些他們想要的特質。

但自戀者不可能演獨角戲——他們需要能接受他們的關注與遊戲人間行為的人。而自戀者的最佳伴侶就是依附症者，因為她只想幫助愛人得到肯定，這樣她對自己的感覺才會更好。

業力關係同樣會有控制欲或虐待的情況，因為我們跟對方都在同一個層級的創傷羈絆當中，這段關係因此會比靈魂伴侶的關係更難結束。

創傷羈絆會緊緊黏著毀滅性的伴侶及伴侶關係。此時兩人在一起不是因為令人稱羨的健康關係，而是因為彼此都覺得很悲慘。這一類的愛情關係是基於分享傷痛、恐懼，喔，是的，甚至業力。創傷羈絆是一種信念，認為我們就是無法改善或是擺脫不了特定的循環——就算知道得擺脫。

基於自戀、依附、虐待或不健康的事物所形成的關係，都是以共享傷害或痛苦而結合的。當你覺得自己不值得、缺乏正面的自我形象和自我價值，或是還在摸索如何對自己有愛時，這些關係就會出現。

業力關係就像吸毒：我們因為美好時光、愛意轟炸、禮物、旅行與性愛而飄飄欲仙——於是當感情觸礁、倍覺失望或遭到背叛、激烈爭吵、甚至被劈腿時，我們還是會留下來。留下來，是因為我們對那些強化了自我看法的正面感受上了癮。我們此刻還沒察覺、也不知該如何自我精進，於是便將得自業力伴侶的愛情毒品當成替代品。

從療癒的立場做出的浪漫選擇，跟從受傷的立場做出的選擇，永遠截然不同。

呈現高度自信形象的瑪雅渾身閃耀著光芒，有創意也很有野心——完全就是會吸引自戀者的特質。她渾然不覺自己大半輩子都處在依附症者與自戀者的關係裡。

這個循環偶爾成功過，她有過幾次很棒的愛情，幫助過許多男人，卻也嘗過無數次的背叛與心碎滋味——但她還是堅持了下來。

更進一步檢視，瑪雅其實缺乏強烈的自我意識，而且利用跟伴侶的依附關係在肯定自己。某天在談到價值感與療癒對她的意義為何時，我們展開了一段關於依附症的對話。覺悟有時會像一盞燈，突然亮起。我還記得當她認清自己所處現況的真貌時，她驚呼：「天啊！我沒瘋，的確就是這樣！」當她發現自己的關係模式背後事出有因時，她著實鬆了一口氣。

瑪雅立刻著手改變——但這也表示她不再是她深愛的自戀者眼中最完美的獵物了，也因此，這段關係連同她的依附症關係都必須結束。

我們一旦結束了靈魂伴侶的關係，我們會尋求刺激、火花以及活在當下的感受。我們希望自己已打破那道由家庭與社會設下、阻隔了我們成為最佳的自己的屏障。所以，就算這段新的業力之愛仍是一段不健康的關係，至少它不無聊，而且還促使我們相信自己是在建立更深層的親密關係。

在這個加速階段，伴侶們普遍會相互承諾或快速同居，因為我們確實會覺得在這個人身上找到自己，覺得對方讓我們完整了。

放掉不足

在這段關係初萌芽時，毫不掩飾地忽視問題是很常見的，畢竟愛情的力量如此強大。這是必經的過程，因為這個階段正是要幫助我們認清，無法找人來填補自己的不足。我們不能以別人的眼光作為看待自己的標準，畢竟我們無法仰賴他人來讓自己滿意自己。如果利用他人來填補內心的空白，日後將會不斷陷入一段又一段的感情關係。

我們決心要讓這次的感情關係成功，一定要做對，但我們辦不到，因為我們還沒有花時間正確地對待自己。我們還沒徹底明白自己是誰，自己所做的和那些發生在我們身上的事。我們仍然尋求外在的肯定，這個肯定也許不是來自我們的家庭與靈魂伴侶贊成、加諸在我們身上的價值，而是來自一段病態關係的刺激感令人上癮的本質。這段關係最後往往會對我們造成傷害，但我們從沒想過要真正離開。

在業力之愛的這個階段，我們還沒意識到，在進入一段關係之前，得先釐清自己是誰。我們沒去思考成為某種類型的人，反而將重心放在該怎麼成為這個狂野愛人的伴侶上。我們為伴侶獻上某些特定的東西，希望能藉此獲得他們的另眼看待，甚至在財務或情感上被對方需要，如此才能感覺自己很重要，也被需要。

我們潛意識裡相信，這段關係若是能成功，那麼我們也能感覺良好，殊不知將來這段關係不僅終究要殞落，而且還是在烈焰中灰飛煙滅，而我們接著就得做出浴火重生的抉擇。

靈魂伴侶關係與業力之愛有個有意思的共同點，那就是我們的確在這兩段關係中都瞥見了真實的自己。我們意識到直覺與情感雷達開始運作，但我們對自己的感覺缺乏信心，於是只專注於眼前所見，卻忽視了內心感受。

當你專注於這段關係和自己的「不足」之處，也就只能藉外界來得到自我的肯定與自信了。這無關我們是誰，而是跟別人讓我們有何感受有關；這無關我們能做什麼，而是如果我們跟對方在一起，那麼我們的感受就是有可能的有關。但這也跟只因我們並未身在一段浪漫的關係中，就感覺自己並不完整有關。

若是以「不足」為行事出發點，那麼所有行事就都還涉及「自我」，因為我們還沒發現自己已是自己所需的一切，想要的也已全都掌握在手中。這不僅包括自信、尊嚴與價值感，也包含愛的本身—當我們認為自己不被愛，唯一原因，就是我們根本不愛自己。

我們仍然以「自我」為出發點，不只在尋找那些定義你我自身價值，或膚淺地增加你我自信的感情，也認為只要心想事成。真正的永恆之愛跟我們真正想要的東西其實並無太多關連。相反的，永恆之愛注定會發生，而且也是重聚的最終使命。

可是我們放不下對愛情生活的掌控，因為還是需要藉著感情定義自己，以及自己在這世上的位置。所以我們繼續堅持，繼續努力，然而對在眼前揮舞的警示紅旗仍舊視而不見，卻希望這段關係最終水落石出時不會又是錯誤一場。

自由意志耍性子

「可是我有自由意志啊！」這是我從那些為自己辯護的人口中聽過無數次的說詞。的確，這就跟小孩子鬧脾氣一樣。

自由意志就是自我的面具。面具底下的我們還是認為自己能控制一切，認為我們應該、甚至可以如願以償，或是為自己的選擇辯解：「對，我知道這段關係在外人看來很瘋狂，但是我有自由意志，所以我可以選擇它。」或是，「沒錯，我劈腿，但我還想留在這段關係，因為我有自由意志。」

只不過，我們某些時候得成熟地去理解這無關自我或自由意志，而是內在聲音在告訴我們該往何處去，這個聲音在向我們傳達什麼。

你可以一輩子都用自由意志當藉口，但這樣永遠不會真正地快樂。

某些情況下，我們甚至會和業力伴侶走入婚姻，因為我們決心這次不要再出錯了，於是會盡一切所能將之做對——包括利用我們的自由意志。如果我們先前跟靈魂伴侶沒有子女，那麼業力伴侶通常會是我們想成婚並共組家庭的那個人。通常我們會在年紀較輕時遇見這些愛情，約是高中剛畢業到近三十歲左右，這正是我們想做點不同的事的年齡。但我們其實只是照著別人為我們設定好的計畫在走，這次的差別不過是和一個同處在一段不健康的關係，讓我們對這段感情起起伏伏上了癮的人同行。

在這第二段愛情的蜜月期，我們只在乎要成功，卻未曾思考過它是否值得如此費心。這是一段會讓人在相處一年後，就會雙雙去跟諮詢師或心理治療師報到的愛情，因為只要不必承認感情已然失敗，我們會願意去做任何嘗試，把這段感情處理好。這段關係如果早期就已出現重大問題，感情諮商會很有效，尤其問題若是出在核心價值與雙方各自的信念上。這通常也是徵兆，顯示這段關係本身的差異點會造成雙方很難擁有平和、健康、長久的感情。

請注意，我不是說兩人無法在一起，只是這段關係無法以一段長期且健康的愛維持著。這是因為人有時會選擇一種賭氣般的自由意志，而且不是以自己的希望與福祉為基礎去做決定，而是出於恐懼與創傷。

嫁給業力伴侶、共組家庭的艾許麗就是個例子。我們初次見面時，她已在一段掏空她內心平靜和一切的婚姻裡置身多年。她來找我是希望我能幫助她「導正」這段感情——即使是在丈夫偷吃、害她染上性病、棄子女不顧、又對她動粗之後。就連在某次激烈爭吵後，她還是想修補這段感情。她敘說他有多好，自己是多麼愛他。

愛意轟炸的最佳典範。

有時，我們對某些事物不願放手，是因為害怕那已是感受到愛或幸福的最後機會，而不是真的明白什麼才會滿足我們的需求。所以，我們不是因為自己無條件地被愛著、被接納而做出決定，不是因為對方讓我們成為更好的自己而做出決定，而是因為我們害怕，害怕要是鬆開手，自己將會永遠孤單。

這正是艾許麗在起初的某次通話中告訴我的：「我沒辦法孤單一人。我很怕讓他走了之後我就要永遠孤單，可是我從來沒有真正孤單過。」我從其他女性口中也聽過同樣的恐懼，於是我對她說了相同的話：「我們畏懼的，也是我們注定得經歷的。因為要是不這麼做，就永遠無法跳脫這些模式。」

這段關係跟我們堅強到足以靠自己站穩腳步有關。

拯救自己，別再等什麼白馬王子了

對於自己最深的恐懼，除非直接去面對，否則它將會不斷支配你，而你會因為恐懼而動彈不得，甚至深陷其中，找不到出路。

在一段健康的關係中，沒有任何伴侶會替你完成你得學習如何拯救自己的課題。這不表示我們被徹底拋棄，得自求多福，但這的確意味你無法用這段關係去逃避另一段。

有時我們就是得獨力扛下重擔。

我們無法逃避成長，也沒有捷徑可走。我們在這個階段可能仍然無視所有徵兆，假裝一切都很好——但是心底深知其實才不是這樣。要面對永遠孤單的恐懼，讓自己脫離一段不健康的關係並不容易，但是我們從這經驗中學會的課題，永遠不會被取走。

業力之愛是在教導我們成為自己故事裡的英雄。

把自己拉出泥淖，成為自己的主人，掌控自己的人生，自己全權作主，即便我們還不知道該從哪裡著手。我們得改變行為模式，改變吸引到的對象，這就意味我們得先改變自己釋放的頻率。

萬事萬物都帶有律動頻率。像愛和幸福這樣的情感律動頻率就比較高，而嫉妒、憤怒與報復的頻率則較低。為了真正為自己做出更好的選擇，我們必須不再按計劃行事。我的意思是，你要知道何時該跳機，尤其是當飛機就快被烈燄吞噬之際。

沒有人需要成為愛的烈士。

在這個階段，我們也許不再試圖討父母歡心，但是你我仍然試著別在愛情裡跌跤。只要持續照著設定的劇本搬演，而不是自主去選擇一段健康的關係，那麼你還是會繼續阻礙自己，做出頻率較低的選擇。

這跟讓自己昇華有關。

昇華，是藉由將關注重心放回自己身上，以提高自身的律動頻率，如以一來才能改變自己吸引到的對象類型。只要我們深究自己的課題，選擇自己、而非一套故事劇本，接著從內在提升喜悅感及律動，就能吸引到相同層級的人。

愛永遠不會照著我們認為它應該發展的方向前進。因為愛的使命是讓人從一段關係中學習與成長，不論這段關係持續一個月，或是直到我們嚥下此生最後一口氣。愛有改造我們的能力，幫助我們處理自小就背負的恐懼與創傷；愛也有能力讓我們跳脫認為自己能控制一段關係終結與否的想法。

因為在業力之愛的這個階段，我們會學到注定要結束的事終究無法延續；我們沒辦法讓一件本來就不會成功的事情成功。最終，如果你我沒有真正先讓我們跟自己的關係順遂，我們也無法讓任何關係成功。

於是我們在這階段去愛人、傷人、被傷害，為自己找一條路，眼見警示的紅旗卻選擇視而不見，明知這可能不是常聽人說的那種愛，卻又擔心我們是錯的，因為那意味一切又得回到原點。

回到那個夜夜獨自入眠，望向鏡中卻只看見自己的原點。

而這一切之所以發生，因為它就是注定如此：我們必須經歷過這些關係的週期，才能前往第三段、也是最終回的愛。所以，我們也許會花好幾年在業力伴侶關係上；或在安全的靈魂伴侶與新戀情之間來來去去，但最終仍然會如同注定般逐步度過這些關係帶來的難關，如此才能學到所有必要的課題。

有時我們不想看到眼前擺明的一切，然而有時眼前擺明的才正是注定要遠離的。無論如何，唯有自己改變看待事情的觀點，事情才會有所改變。這意味我們必須放棄設法要把事情做對的想法。

相反地，就讓這段關係成為它注定該成為的模樣，即便最後會是又一堂的教訓。

第二部

現實

我們激出了彼此最不堪的一面

「通往地獄之路皆由善意鋪成。」對業力關係之旅的這個階段來說，這句話真是再真實不過。我們常喜歡歸咎責任，指責伴侶，讓這段關係無法成功像是他們的錯，卻不理解，成功的愛需要兩人合作，而要摧毀一段關係，同樣也是要兩個人才做得到。

我們開始業力之愛，卻沒認清這其實是在將自己想要的人格特質投射到戀人身上：他們的狂放與不羈，充滿能量的生命力，所有一開始就吸引我們的特質。

我們試著察覺差異，做出不同選擇，變得比以前更實際、更可靠、更有愛，預期若是在經營這段感情上有足夠的改變，結果就能更好。但我們沒有體認到，這永遠與我們外在所做的無關，而是內在得有所不同，才能真正對這段關係產生最大的影響。

業力之愛的這個現實階段，是真正與永恆之愛的尋覓之旅裡最令人痛苦的時刻之一，因為我們意識到了自己走得其實沒有想像中遠。我們看到自己傷得多重、還需要經歷多少成長的課題——這些課題不光是親密關係，還包含個人的成長。為了能真正學到教訓，誠實看待自己與動機，我們需要拋開顧忌地去做。

在業力之愛的現實階段，我們和伴侶互相傷害，我們的恐懼浮現，舊有的處事模式也來湊熱鬧，甚至很可能會相信靈魂伴侶才是我們應該在一起的人。畢竟，那段愛就算不是這麼強烈，至少不會像業力之愛帶來如此的椎心之痛。

此時我們不再那麼注意自己或這段關係哪裡有錯，反而更執迷於一直錯誤的做法、或是可用來為自己的行為辯解的事物。

雖然這段自我覺醒之旅在離開靈魂伴侶後，可能有了相當的進展，但我們朝前邁進的步伐更可能在這個階段停滯不前。因為，我們會再度因為沒能讓這段關係成功，或是沒能成為最佳的自己，而感受到強烈的罪惡感。我們退縮成了過去的樣子，責怪對方，利用他人轉移自己處理眼前問題的注意力。過程中，我們非但沒有成為最佳的自己，反而成了激出彼此最不堪的一面的箇中好手。

這是因為我們讓自己陷於對傷害與愛意轟炸上癮的模式，好將重心從修補自己轉為企圖從這段關係得到下一次修補。

業力之愛會挑戰我們、深深傷害我們，讓你我不得不打開心扉，看清楚那些我們花了那麼多時間在逃離的鳥事。我們是誰，我們說自己對自己做了多少「功課」都不重要，當我們感覺業力的愛意轟炸停止的那一刻，真實狀況就會悄悄浮現，我們就會自動地被觸發。

那一刻，這個觸發感覺可能就會像背叛。

它會讓你覺得最糟糕的可能性發生了。不過，請記住，這段業力關係的所有目的就是要走到這一步，我們才會因而被迫成長，正視所有與自己相關、但過去總想盡辦法在忽視的一切。

人永遠無法逃離自己

這段愛的旅程有一部分，是要學會我們永遠無法藉著把自己丟進一段關係，好逃避自我精進。我們不能掩蓋尚未癒合的傷口或是自認毫無價值的感受，因為這些觸發點會不斷出現，直到我們終於願意好好去處理。

或者，因為如今已經不可能不去處理。

自我精進向來不容易，也不是一個會有終點的過程。我們會進步，會痊癒，但導火線永遠都在。畢竟你我只是凡人，在生命與愛的現實中，沒有人能全身而退。

所謂處在一段健康的關係，並不是指這段關係沒有痛苦、爭執的時刻，或是觸發點，而是雙方能在不投射、不指責的情況下處理問題。這就是「你看你對我做了什麼好事！」跟「因為……所以我覺得……」的差異。如此，我們不必真的身陷其中，也能提升情緒的成熟度和辨識情緒或情感的能力。

這世上沒有完美的感情關係。

這跟它是否是我們的第一段、第二段愛情或是雙生火焰無關。一段良好的關係會促使我們成長，以不同的觀點看待事情，處理那些拖累我們的感受。這些感受會妨礙你我成為最佳的自己，也會阻礙我們得到一直期盼能擁有的感情類型。

懂得人無法逃離自己以及自我精進，就意味我們的觀點已從關注外在轉變為關注內心。它變得比較無關別人在做什麼，而是和我們為何會有某種特別的感覺有關。

在這過程中，你不再認為樣樣事情都與你有關。如果伴侶今天過得不順，心情極差，甚至情緒暴躁，你不會再認為這都是因為你。如果你交往的這個好男人晚了幾天才回覆簡訊，你也不會心想：「啊！他一定不喜歡我！真不敢相信我告訴他我做了什麼，他一定覺得我很蠢。」

當我們明白，除了我們，每個人也都有自己的歷練，也在此世寫著自己的故事，我們就能理解，沒有人做的任何事是因我們而起的。我們開始認識「白我」，學習不要以被它控制的想法和信念處理事情。人的「自我」認為每件事都跟她有關，我們的自我認為，別人回電或是躲著我們都是因為她：這樣的想法就是認為我們基本上能夠控制他人的行為與選擇。

我們隨著自我精進而成長，漸漸理解我們有自己的故事，伴侶也有他們的。一旦學會如何不把事情全攬在自己身上，就能相互為彼此開創出一條全新的理解之道。

已婚的海莉在開始和我合作時，就坦承她大部分的成年人生都處在跟自戀者與依附症者的循環裡。她跟前夫已經離婚好幾年，她也還在摸索如何跟新伴侶互相理解。她發現自己在這段新感情中隨時都會被觸發，對方沒有立即回覆訊息或是延遲計劃，她都會因此沮喪——真的，任何讓她想起她業力之愛的事情都會。

我們談了許多新伴侶觸發她的情緒為何是件好事，因為那意味她得以藉此審視這當中出了什麼事，繼而做出不同反應。這是一個讓她明白不是每個人都跟她前夫一樣的機會。所以，她在新關係中必須以不同的方法和新伴侶相處。她重新學習如何表達感受，而不是以消極攻擊的方式；當她需要什麼，就要主動說出，而不是生氣，因為伴侶不會直覺就知道她的需求。

最重要的是海莉也在學習理解伴侶也有自己的人生。他有自己的事業、要應付家人，有時他的確只想跟朋友相處。海莉不再認為每個小問題都跟自己有關：「他這是要跟我分手嗎？」或者「他一定不是真愛我。」——她開始學習改變自己的內心獨白。

學習如何處在隨業力之愛而來的關係，也等於是我們自我精進的過程。因為狀況一旦與我們的觸發點及反應有關，我們就得提高自己的覺察程度。

但是，為了能以健康的方式處理這段關係，我們要先能說出，我們對伴侶做或沒做的事為何會有特定感受。這意味我們要先能接受，這段關係不論出現什麼狀況，都不會只是對方一個人的錯，不管這錯是過去或現在，我們同樣要負部分責任。

通常我們在這個現實階段會開始以言語攻擊伴侶，或是將對方貶得一文不值，還會傳送「別身在福中不知福」或「你會一輩子後悔放掉一個好女人」之類的各式迷因梗圖給好朋友，要他們評評理。

這些感受雖然都合理，但是無法取代這個階段的使命——自我精進。我們必須接受這段關係中所有導致雙方處於目前狀態的行為與感受，雖然這狀態感覺起來就像是一段有毒的愛。

雙人成毒

在業力之愛中，我們常會將所有負面心理全都投射到伴侶身上，將對方描述成混球、渣男或乾脆就說他們「愛無能」，卻不會認為自己也該負些許責任。

即使誠實、深情、忠誠、貼心，而且還從不「做錯事」，我們還是選擇了這段關係，允許那些持續進行中的行為繼續存在。所以我們才是那個欺騙或說謊的人嗎？不是，但這不表示我們無需為自己選擇了這樣的關係負責。

當我們置身在一段感情中，眼中所見的不過是自己當時處境的反射。所以在有毒的關係中，我們終究會看到部分尚未完全療癒的自己。畢竟，好女孩會跟壞男孩交往一定有其原因，就算我們還沒準備好承認。

這意味後續若不想再招來有毒的感情關係，就需要先調整自己。

所謂有毒的愛情，是以其病態對身、心、靈造成的影響來界定。但是我們必須更深入地實際列舉出這些行為，才能抵達這段業力關係中所有事件的根本源頭。我的理解是，每個人對一段「健康的關係」都有不同定義。當我跟新客戶合作，他們說想擁有一段健康的關係時，我會請他們寫日記，寫下他們認為的健康關係。雖然所有日記架構大致相同，但細節往往互異。而讓人更深入了解自己的核心需求是什麼的，正是這些細節。

儘管我們初次發現自己的核心需求是在靈魂伴侶之愛的階段，但要在歷經第一段與第二段愛情的過程之後，才能真正了解那些核心需求究竟為何，也才能為自己的需求發聲。

核心需求首次出現在靈魂伴侶之愛當中，我們從這裡開始漸漸理解，就算一段關係符合某些條件，他人也因此對我們的人生抉擇相當滿意，但那不表示這段關係確實就滿足了我們的需求。我們還是在徹底了解自己愛的動機之前，就投入了這段新的業力關係，甚至相信這段感情會有不同。

認為新伴侶會療癒我們，永遠比自己花時間修復自己來得容易。

五大基礎

我初次問珊，「健康的關係」對她而言是什麼意思。她表示，她需要互動良好的美好時光以及開誠布公，意思就是跟她交往的對象不可背地裡跟其他女人互傳訊息。妮娜則說，大量溝通和感受到交往對象確實在為這段感情付出，對她而言十分重要。

這些都是真實的感受，反映出說者的核心需求，不只是對健康關係的整體定義。一段健康的關係需要好幾個條件，才能在伴侶彼此身上發揮最大功效。當我跟客戶合作時，我總將關係的經營比喻成就像在蓋房子。人人都喜歡為蓋好的房子漆上顏色與裝潢；但沒有人喜歡負責打造地基。如同建造房子，地基正代表一段關係的基礎，支撐起這間我們共同深愛的房子。如果地基不穩、出現裂痕，甚至傾斜，那麼房子便會倒塌——所有關係都是同樣道理。

我發展出一套我稱之為「五大基礎」的理論——一套你可以用來打造穩固基礎的工具，就像蓋房子那樣。我建議在一段新關係的試探階段就使用。這五大基礎是：溝通、坦誠、可靠負責、尊重、原諒。

我們在試探階段剛開始了解彼此，這個時期，身為女人的我們會交出所有的權力，想著：「他會喜歡我嗎？」或「他會想再和我一起出去嗎？」，卻沒有停下來思考，是否真的希望對方以「朋友」的身分出現在自己的生活中？更別說去思考對方以「愛人」的身分出現的合適性。

溝通

「五大基礎」的第一元素是溝通。這不是僅指整天保持聯絡，或是連你會晚回家都要簡訊通知，而是溝通需要成為關係背後的驅動力。很多男人聽到「溝通」二字就開始退縮，因為他們認為這表示我們每天都想花上幾個小時聊聊我們的感受。事實上，溝通是一種能為所有關係帶來巨大影響的方式。

溝通，是彼此承諾能將事情討論清楚。這意味要盡可能不將自己封閉，而是去討論觸發點、感受，或是關係中的不同問題。這意味對於自己在這段關係的狀況—不論是核心需求滿足與否，或只是單純的害怕—我們都會抱持開放態度，樂於溝通。這表示我們跟伴侶分享的是我們的夢想，而不是午餐吃了什麼。承諾將溝通放在首位，就表示若是出現問題，我們不會離開，而是會留下來討論清楚，不論問題有多困難。

對我而言，我在一段關係中需要的是空間——但也需要肢體接觸與許多擁抱！與其因為對方常傳訊息或是打電話給我而讓我心生厭煩，我選擇直接告訴伴侶：「為了把自己整頓到最好的狀態，我需要時間安靜，讓我沉澱一天。」所以，此時伴侶就知道不會有任何驚喜等著他們。

這也適用於我對肢體接觸的需求。我不會坐在沙發一端，因為伴侶沒過來擁抱我而生悶氣看著他。我會主動依偎過去，或要求他抱抱我。我會讓他知道我需要這種接觸，因為這是感覺跟他產生連結相當重要的一部分。

這將我帶到溝通最重要的一環——預先溝通。

這種方法有時似乎會令人猶豫。因為若不是從療癒的觀點來看，此舉可能會給人一種缺乏自由與信任的感覺，但這其實是溝通最重要的形式。當伴侶們願意落實這種形式的溝通，就能大量減少誤解與爭執，當然也就會有更多情意綿綿的愉悅時光。

和伴侶的預先溝通，就是在某個問題還沒出現時就先拿出來討論。情況可能像這樣：「我前女朋友昨天傳了簡訊給我。」或是「我想我們進展太快了。同居前，我需要一點時間。」這就是起了一個話頭，或是在某件事尚未演變到無法挽回的爭執時，就先告訴對方。我們要在能誠實面對自己，也不會因為某種感受或思考方式而評斷自己之後，才能跟伴侶共同執行這樣的溝通方法。我們也必須拋棄預期對方可能會有的反應的所有假設。

這聽似相當基本，但若能在自己感覺快被觸發、害怕，或是前男友可能會現身下週末的同學會這類事情發生前就先告訴伴侶，那麼往往能避免所有爭執。但在這麼做之前，我們務必誠實——對自己誠實，也對在這段感情中的伴侶誠實。

這就是第二個重點。

不是只有跟前任聊天時才需要和伴侶事先溝通，需求也是需要溝通的。因為唯有你能為自身的需求發聲，正如空間與肢體接觸對我的重要性，這樣你才能跟伴侶建立起一個更透明、更了解彼此的連結。

我和他都不預期對方能讀出自己的心，而且也不必如此，因為我們真的會去討論彼此真正在乎的事。

誠實

許多時候，我們想到所謂的誠實，指的單純就是別說謊。其實誠實不只如此。

我們將誠實定義為沒有欺瞞、沒有虛假，一種誠懇的表現，常期許自己能以此對待愛人、朋友和家人，也希望他們同樣地對待我們。然而，對於自己是誰，希望從人生與愛情中得到什麼，我們卻很難誠實面對自己。這需要我們真實的做自己，並且別把自己塞進別人希望我們扮演的角色裡。

當我們對自己誠實，就擁有了真實的自己——傷痕、缺陷、芥蒂，一切。我們不會貶低自己的想法或為自己想要的事物找藉口。唯有如此，才能同樣誠實地和他人溝通。

蓮娜內心一直在交戰，因為她想從感情中得到的，跟這社會告訴我們應該得到的不一樣。她對愛情很開放，也準備好對伴侶做出承諾，只是她想要以她認為對的方式去做。她根據經驗發現，她從來不想全天候跟某個人一起生活。她喜歡對方來過夜，也喜歡能在自家準備幾格抽屜給他。只是蓮娜很清楚，她每週都需要幾個獨處的夜晚，可以讀書、冥想或是什麼都不做。

像蓮娜這樣的人，在許多社會中常會被認為有違常理，因為那不是常人遵循的傳統準則，不過，那卻是她的真理。

雖然蓮娜在我們的談話中能夠輕鬆自在地表達自己的欲求與需求，但她對踏進感情卻十分猶豫，因為一想到還得向別人解釋自己對於個人空間的觀點，她就覺得害怕。最後她遇到了克林特，一位因工作而時常旅行在外的音樂家。突然間，那個要向人解釋她的真理的困擾就不成問題了。

當她能自在地表達出自己的真理之後，宇宙也回應了她的頻率，連結起她和克林特，一個能滿足她核心需求的人。

當我們能對自己誠實，就能說出我們的真理——不僅是人生或感情目標的真理，也包括我們對那個度假景點或約會地點的看法。如果我們壓抑自己的真理，它就會轉而出現在感情當中，此時溝通就會出現問題，這段關係也會開始出現衝突。

如果我們不知道自己的真理，那麼就無法將之傳達給他人，這也表示要過真實的生活，或擁有真實感情的可能性就更低了。

可靠負責

要在一段關係中當個可靠負責的人，就意味在對伴侶忠誠之前，得先學會如何忠誠地面對自己、夢想和需求。當我們能表現出可靠負責，也才能展現誠實。當我們可靠負責，就會擁有、也會知道那些我們自我要求遵守的個人道德與極限。

這是我們需要為自己而做的事。這必須發自你我的內在。沒有哪個人、甚至是那個超棒的伴侶能代我們完成這件事，或是強迫我們成為比現在更好的自己。

當我們要求自己要可靠負責，便有了責任感，這不是指準時上班或按時繳帳單這種字面上的意義，而是更貼近你我的靈魂、內心和本性的內在本質。成為對自己可靠負責的人，就是就算有人不喜歡你選擇的伴侶，你也不會因而妥協；你不會因為高薪就待在榨乾你生命的工作；這也表示你不會無條件地犧牲誠信，也就是說謊，以保護另一個人的感受。

一段健康的關係不需要有誰自我犧牲。若沒有可靠負責，不論是對自己或伴侶，都建立不了能夠度過難關的堅固基礎。

幾年前，泰勒跟我聯絡，因為她不知道該怎麼處理自己的感情。她覺得她知道自己是誰，至少她朝著這個方向在努力。她跟伴侶凱爾溝通良好，而且也彼此相愛，但她對這段感情該走向何方有些疑慮，因為不論家人或朋友都不支持這段感情；並非他們認為凱爾不是個好伴侶，而是覺得這個人就是「非我族類」：只因為凱爾出身不同的族裔與不同的社經背景。這對泰勒而言都不成問題，真正對她造成影響的是這個情況帶來的壓力。我們在談話中談到了可靠負責，以及這個態度對強化個人成長時的獨立自主有何助益。

獨立自主，就是我們能以自身的最佳利益為出發點，作出選擇與決定，並對自己的抉擇有信心，不受他人脅迫或影響。在很多方面，追尋獨立自主就代表為了讓自己的心理與情緒都能更加成熟，我們有時或許得違逆父母的意見。

但是在浪漫的愛情中，獨立自主有一點複雜。

我們愛我們的家人，也愛我們的伴侶。一切應該如此單純才是。泰勒發現，當她提到伴侶的名字和她的伴侶關係時，她若是展現出更強大的自信，家人就算仍未全然接受，至少也會更尊重這段感情。沒有人能替我們過我們的人生，就算是媽媽或姊妹。因此，我們必須在重要的人生決定上——決定對象、職業、生養小孩與否——開心地展現出自己的可靠負責。

尊重

我聽到很多客戶提到「尊重」，卻沒有真正定義出這兩個字對她們的意義。當然，一如在愛的各個層面，這也得由自己做起。「尊重」是我們對某人的仰慕與正面感受；因此，我們以忠誠、耐心、信心與理解去對待他們。這表示我們在自我尊重自的同時，也將相同的特質延伸到我們的想法、感受與行為上。

當我們完全尊重自己，我們對自己的負擔與想法也會改變：我們不再因為自己的選擇或是假設的錯誤而自責。我們知道自己已盡了全力，一次不順遂不代表我們就很糟糕。

在一段關係中，我們將給予自己的尊重也延伸到伴侶身上。透過尊重，我們對自己的感受與行為負責，並且坦誠地溝通，不會認為這是因為犧牲了你我的自由或能力，才能過著我們想要的生活。

這意味我們在將伴侶當成愛人之前，是先視對方為欣賞的對象，一個我們看得見、為他感到驕傲，並且充滿愛意與感激，能與其分享人生的人。一旦我們對伴侶誠實、負責與尊重，要向他們坦承對於週日要見他們的父母有疑慮時，就不會是一件苦差事了。這意味當我們告訴對方前任上週有傳訊息來時，也不必擔心會起爭執。簡言之，我們不是跟一顆準備爆炸的定時炸彈同住，而是跟一個我們深愛、欣賞的人共居；而這個愛我們、欣賞我們的人，同時也喜愛、欣賞我們的特質。

尊重伴侶，就表示我們先將對方視為獨立的個體，而後才視為我們的愛人。

原諒

看看「原諒— forgiveness」這個詞：for + give。它的意思是，我們提供、或將某物給予另一人——但也要給予自己。原諒從來不是爭取而來的，從來無需被證明，也從來與應得無關，它真的就是要給予。

身為人類，我們會把事情搞砸，不會永遠全力以赴，有時也會做出明知不可為的事，會自我懷疑，所以我們會犯錯，我們會壞事。

有時，我們甚至會傷害一份美好的愛。但正是毫無條件的原諒，每次都能將我們帶回原初的自己和關係。這不是只有說說「對不起」或「我原諒你」，而是一種願意去嘗試、去盡全力、去道歉、去更正我們的錯誤，並展現你我雖不完美，但仍會承諾今天要比昨天做得更好的渴望。

當我們願意將原諒化為行動，那麼一切都會變得可行。

這表示我們知道自己有功課要做，知道自己仍在學習、療癒，試著了解自己是誰。當我們開始原諒，就表示我們不會放棄，不會選擇輕鬆地逃開，而是置身當中，不論那表示我們會因為覺得深陷愛河而上傳心儀對象的照片，或是在尖叫與怒吼聲中任淚珠滾落臉頰。

沒有人是完美的，我們都有過狀況不好的時刻。不論是傷害自己，或試圖逃離痛苦，我們都曾處在人生的谷底。

想想你最糟糕的時刻，我說的是你打算帶進墳墓的祕密，也許只有你的摯友才知道——說不定比這個更糟。那些你這輩子都不想讓人知道的時刻。現在請你想像一下，想像日後別人就是用那些時刻來評斷你。

這就是我們沒有真正原諒別人的結果。我們利用他們最糟糕的時刻去對付他們。我們不願原諒，因為那個時刻太可怕、太傷人了，或者，我們就是要他們受罪。

但是，如果不希望自己最糟糕的時刻被人用來對付我們，那我們也就不能用別人最糟糕的時刻去對付他們。

我們原諒，因為那是繼續建立感情基礎的唯一方法。或許背叛會讓一段關係毀於一旦，但就算在那些時刻，原諒依然不只是一種可能，它還是必須。

納薇覺得自己持續在練習原諒。她非常有靈性，嘗試幫助他人，並且盡己所能活出最好的人生。她跟伴侶馬可斯曾覺得，只要兩人在一起，這世界就會更美好。他們會一起停下腳步跟遊民聊天、想辦法造福他人的生活。簡單說，就是盡己所能與世界分享他們的愛。

所以當馬可斯開始躲著她，而且似乎在追求其他女人時，納薇不知如何是好。她覺得憤怒、受傷與不解，這個看似是她靈魂一部分的人，怎麼會離她而去，而且還以這種方式傷害她。

我跟她首次談話就談到了「憤怒並非主要的情緒」。憤怒不過是其他感受的產物：傷害、失望、因為事情發展未如自己預期而感到挫折，甚至恐懼。我們仔細分析了她的憤怒：她認為自己被馬可斯拋棄與背叛了。一旦這樣拆解感受，處理起來也就比較容易。我們談到，她有過什麼人生經歷曾讓她產生被人拋棄與背叛的感受，以及我們可以如何運用目前的傷痛，去療癒她甚至還沒察覺到的情況。

我們也分析了馬可斯確實很傷人的行為。還記得受傷之人會傷人嗎？納薇逐漸能理解，馬可斯因為仍未從他之前受過的傷害中痊癒，所以他傷害了納薇。這並不是在將他的行為合理化，但至少讓她得以釋懷與原諒。

納薇與馬可斯在對自己與對彼此的連結上仍持續進步中，而且依然深愛彼此。

傷透了我們的心

雖然愛能有萬千意義，但唯一的界定因素就是永不放棄。這正是為何業力伴侶會傷透我們的心。

我們希望這份愛能長久，覺得為對方獻出的自己比對之前任何人都多。我們愛得更深、分享得更多，犧牲了最好的自己，因為這段感情撼動了我們的核心。可是我們不僅一樣徹底崩潰，甚至已不是過去自認的自己。突然間，他接連幾天都不回訊息，甚至不理不睬，而我們則是在社群媒體上追蹤他，想找出他將注意力轉到了誰身上。

我們必須了解，這時期的業力之愛會挑戰我們——我們是否對自己的個人標準負責？是否尊重自己、對自己誠實？業力的激情在許多情況下會把我們帶進這種令人遺憾的狀態，因為上面提到的，我們都沒有做到。

但這就是一切的重點。

如果沒有跌到谷底、發現無論怎麼做都沒有用，我們就無法真正變得更好。老實說，如果沒有對自己的一堆爛事感到厭煩，我們還是會繼續過著那些無需痛徹心扉、令人憤怒跟厭煩的自我精進就能混過去的生活。想想傑克．葛倫霍（Jake Gyllenhaal）跟安．海瑟薇（Anne Hathaway）合演的電影《愛情藥不藥》（Love and Other Drugs）。傑克飾演的傑米是個在女人堆中無往不利的花花公子。快樂的他從沒想過自我精進、親密的互動、甚至是他可能會偶然遇上什麼樣的感情。同時，安．海瑟薇飾演的瑪姬是一個罹患帕金森氏症，畢生與人保持距離的女子。

這兩人一開始對彼此並未抱持誠實、尊重或是負責的態度，甚至對自己也是。然而他們的相處如此自在，所以在這段感情最初期擁有許多美好時光：數不清的隨興性愛與樂趣。他們倆都無意付出真愛，當然也不想被可怕的承諾困住。於是當他們意識到彼此都動了真情時，他們不得不選擇傷害與自我破壞。他們分手，試著跟其他人交往，然而內心深處卻始終思念對方，以及彼此間互相感應的連結。

這就是煎熬的開始。他們開始接受自己新發現的渴望與需求。只是這回他們能夠完全地真正陪在彼此身邊。

業力之愛會傷害我們，如此我們才能完全打開心扉去修我們的功課，並且讓第三段愛情進場。就算我們有心想變得更好、保持忠誠、展現自己的脆弱，甚至就只是誠實，我們實則仍無法為他人做到這些，因為我們在這個階段還沒學會完全為自己而做。

我們只能將自己第一件學會為自己而做的事情延伸到另一個人身上。如果我們對於接受自己或尊重自己都還有困難，那麼就無法真正將之轉移到他人身上，因為我們的手和心都還是空的。

我們以愛著自己的同一個方式在愛著其他人。

療癒自己

愛意轟炸讓人上了癮，否則我們不會一直卡在這份愛的教訓裡。愛意轟炸在最初提供了絕佳的干擾，讓我們不必去想那些惱人的事。而且，要是有個人能讓我們把自己的不安全感全都投射過去，讓自我感覺良好，那就更棒了。

然而，愛意轟炸與痛苦之間的情緒起伏變化猶如雲霄飛車，心生厭倦的時刻終究還是來了。

此刻正是業力之愛現形，撕去我們情緒傷口與觸發點上的ＯＫ繃的時候，毫無預警，沒有說明。他們只是坐在那兒，指著我們的傷口說：「你知道你在流血吧？」

我們本以為是生命中最重要的那個人，完全無意過來幫忙包紮傷口。沒錯，這是我們的工作，不是別人的，但我們卻生氣了。因為我們希望有人能代替我們去做這些苦工！我們不解、苦悶，甚至憎惡這個撕去ＯＫ繃，戳破事情全都很好的假象的人，憎惡他竟然沒有打算做點什麼好讓我們好過些，或是幫助我們療癒創傷。

這正是我們要得到的領悟，也是業力之愛的使命。事實上，伴侶雙方此時往往都在淌血，甚至互相在傷口撒鹽。你會聽到：「喔！你沒安全感，因為你以前被劈腿過。好啊！從現在起，這個妹在 Instagram 上貼的每張照片，我都給她按讚！」或是「你小時候被你爸拋棄。好！那我就一直離開你，徹底棄之不理！」

這令人痛徹心扉，而且會讓許多人覺得自己就快崩潰。因為我們不明白，最初感覺像是宇宙為我們牽起的連結，如今怎麼會讓我們傷得比先前更重？

業力之愛令人傷心之處，就在於這種情況可能會一再重演。一次又一次。雖然在大多數情況下，一個人一生中會有三段美好、有意義、刻骨銘心的愛，這些愛也是此生會遇到的感情或情人的三種原型，因為我們未必能在第一段感情就學會必要的課題。

我們可能會遇見好幾個業力伴侶，這不是因為美好的永恆之愛並不存在，而是因為不論我們說過幾次自己已為健康的感情關係做好萬全準備，要是自己的行為不改變——不是對方的，而是我們自己的——一切就會像既視感一樣重複出現。

在懂得注定要學會的課題之前，不斷遇到業力之愛是很正常的。我的客戶羅麗的約會對象，都是「愛無能」、與母親同住、沒有穩定工作的男人。他們的名字不同，其他特徵也是，但羅麗一直看不清，不段重複著相同的模式，直到第三度被困在舒適、卻也是自我毀滅的固定模式中。因為困在當中，可以永遠將錯歸到對方身上，羅麗永遠可以不必為自己的行為負責。

當她認清這個模式後，她發現自己的依附症和對親密關係的恐懼，其實特別會吸引到某種男人；她也發現，金錢資助那些男人而得到的被肯定感，令她無法自拔。不過，她倒是不必擔心情感連結的問題，因為那些男人永遠沒有能力提供她極度渴望、卻又恐懼的那種深沉感情。

羅麗吸引到的正是她在情緒上需要的人，直到她終於願意正視這個事實。

要能感受它，才能治療它

只要放任那些打從一開始就出現的創傷不管，那麼傷口泌流的血就會持續滴在我們的伴侶身上，儘管他們跟這些傷完全無關。在我們還小時拋棄我們的不是他們；在我們青少年時期讓我們覺得不受肯定或沒有用的不是他們；讓我們質疑自己的不是他們；他們甚至沒欺騙我們。所有包袱都是我們自己帶進關係當中的。這些都是我們的傷，因為放著自己的傷口不管，才讓血流滿伴侶身上（雖然他們的血也可能滴滿我們全身）。我們泌流的血滴滿業力伴侶全身，也許還不只一個，因為我們沒有盡責去療癒自己。

我們以為，每段愛情的使命就是要讓我們快樂，永遠的快樂。否則，要是都看到了愛情的保存期限，還有誰還會報名參加？

看見正在打撞球的那個帥哥了嗎？對門的酒保？還有那個穿著綠色襯衫，跟朋友大笑的那個？我們會怎麼做？如果我們事先就知道一個會是一夜情，一個可能持續六個月，第三個可能持續三年，但最終會以悔婚收場？你會選哪一個？

如果你打從一開始就知道，這份業力之愛在你人生中的任務就是注定要過期，這樣你才能放下，去修你真正的課題——療癒自己。這樣會有不同嗎？

業力之愛向來不應該是永恆的，不論我們經歷過多少段、在一起多久、甚至有了小孩。這個階段有太多未盡之事，它的唯一使命就是成為一面反映問題的鏡子，如此我們才能去正視那些問題。這份愛出現在我們生命中，深深傷害我們，我們因而不再投射與卸責，而是開始為自己、為我們的行為，尤其是我們所受的傷負責。這樣最終才能得到療癒，不再讓傷口的血滴流在和這些創傷無關的人身上。

這份愛是關於你別無選擇、只能面對自己的感受，甚至面對那些或許從兒時就埋藏起來的一切。沒錯，回到孩提時期有時聽起來就像老調重彈，但就像我的一位好朋友曾說過：「老調一直重彈，必然有其原因。」我們在兒時學會人生的規則，不管這規則是指相信直覺，或是別和任何人太親近，這樣就不會受傷。

我們在孩提時期吸收到的，會成為成人時一部分的生命藍圖。

我們在仍是孩子時學習到美好的事物，逐漸將之融入本身，同時也有其他事情能觀察，作為自己成長的機會。在這個業力之愛的階段，我們逐漸懂得，導正自己的內在之後，所有外在事物才會是正確的。

第三部

課題

愛有時注定無法長久

分手，最困難的莫過於我們知道它得發生，卻不期望它到來。總有那麼一刻，我們終於肯承認這段業力之愛再也不是、或從來就不是一段健康的關係。我們終於意識到這段感情對靈魂無益，既沒有彰顯我們是誰，我們還得在許多方面吞下自己的真理，甚至認為只要這麼做，就能繼續跟對方在一起。然而所有作為都改變不了這段關係有時會比這份愛更快結束的事實。

關係的持續跟愛的持續是兩回事。

我們往往在跌落谷底之際，才願意對自己承認這段關係早已結束。也許我們發現自己被劈腿、對方說謊、或是察覺交往對象的真面目其實並不如我們所見。跌落谷底的唯一作用就是讓我們覺悟，我們不是對伴侶已無愛意，而是應該有所作為。

對目前不在業力之愛中，或是已經逃離這種關係的人來說，事情很簡單：「就甩掉他們啊」、「封鎖他們的電話」、「去跟別人約會」；這只是友人出於好意，為了鼓勵我們向前看而給的建議。不幸的是，我們不可能只是「放下」業力之愛，因為能幫助我們結束這段關係的唯一途徑，就是自己的成長與療癒。

雖然發現某人不適合，也不代表你隔天就得打包自己的感情，註明「退回寄件者」。

只要學會課題，就不再需要老師

意識到這段關係不健康，只是離開這段關係的第一步。這只是理解課題的第一步，如此一來，就不會重複同樣的模式與循環；這只是真正準備好迎接永恆之愛的開端。至少，要記住，業力之愛是我們在覺得健康、美妙、「讓我們在星空下睡去」的永恆之愛之前，最後必須汲取的教訓。

放下業力之愛，重新出發，就意味我們既脆弱、卻也可靠負責，不僅跟人交往時如此，和自己共處時亦然。

一旦看清業力之愛的本質，首要工作就是設法明白如何修補這個狀況，或是我們的伴侶。既然你已讀到這裡，你現在可能會對自己說：「我們無法獨自去修補一段關係啊，當然更沒辦法修補另一個人了。」但這個過程有部分其實是要擺脫恐懼，或是讓自己願意繼續前進。有時，我們甚至會告訴自己，待在現狀想辦法讓事情有所轉機，都要比跟新對象重新開始來得容易。好像我們應該習慣讓自己不開心。

但是當這段關係開始走下坡，我們的「老師」可能也會開始緊張。正如我們在一段有毒的關係或誤解中建立身分定位，他們也是。他們害怕自己會失去主導權，不再被需要，或是原本的期望因為關係結束而落空。

我們知道這段關係出現了不健康的跡象，但對未來失去的恐懼往往會觸發伴侶，增強他們的占有欲與控制欲。一旦察覺到有所成長的我們有意離開，他們的嫉妒心會變重，雙方的爭執也可能會更激烈。

布麗安娜在這個感情階段痛苦了好一段時間，變得非常畏懼她的伴侶奧斯丁。一直有控制欲的奧斯丁開始顯現出自戀者的傾向。我跟布麗安娜開始合作時，奧斯丁的行為也變得更加乖張。

我和布麗安娜一起研究他的行為，她在這段感情中扮演的角色，以及她為何潛意識裡總是在追求這樣的感情經歷。當布麗安娜變得比較堅強，而且開始尋覓新住處時，奧斯丁變得非常猜忌多疑，認為她是在跟別人交往。布麗安娜起初還想導正他，就算她已經不想跟他同居了。

但是最後我告訴她：「你們的感情就像一架飛機，而且是即將墜毀的飛機！在所有人、包括奧斯丁都還沒戴上氧氣罩之前，先戴上你自己的！」這對布麗安娜而言相當困難，但她最後還是領悟到這是結束循環的唯一方法。她最終搬回父母家，徹底斷絕跟奧斯丁的聯繫。

我們得先歷經這些極端的過程，才能懂得自己不但無法改變任何人，還應該將療癒自己放在第一順位。儘管看似荒謬，但只要學會這一課，一切仍然值得。

我們無法強迫他人精進，或是替他們的行為負責。我們無法向別人證明自己值得更好的，別人也不可能因為我們深情體貼，就不再拈花惹草。我們無法做什麼，只為讓別人能「了解」，讓他們像我們看待自己一樣來看待我們，並以深情的伴侶應得的對待來對待我們。

要了解我們真正應該得到的是什麼，第一步就是得先承認，我們在這個階段其實沒有得到我們應該得到的。我們開始看見事情的真貌，更清楚地看見什麼是一段健康的感情的特質。不管是有意識或下意識，我們開始堅持自己的需求，開始練習自我之愛。

這份愛最主要的目的之一，不只是將對愛的關注轉為生命中最重要的部分，也是在挑戰我們要開始對自己有愛。這一切之所以連結得如此緊密，是因為我們要在確實能對自己有愛之後，才能真正從業力之愛脫身離開。

愛的暫停

我自知我人生中有一段時間對誰都毫無用處，知道自己糟透了，是個隨時會爆發的災難。我的心被傷過多次，知道我在期盼那些男人能給我我自己給不了自己的肯定。

於是我決定給自己一次「愛的暫停」。

我決定單身、禁欲、以及為自己努力。我設下一年不要有性生活的目標，我知道你在想什麼，對，的確很辛苦，但辛苦是值得的。這讓我學到很多：關於自己、關於男人對我的功用，以及我絕對有決定自己人生的能力，但為何總是期待由男人為我做決定。

我就是在這段時間了解到，就算我絕對有能力——我也不願意去做。

我還是自我懷疑，而且比起擔心自己的人生或是該何去何從，我竟然更在意那個人是否要我，或是我會不會永遠單身。沒錯，這很正常，可是我已經受夠了我的正常，厭倦以感情狀態去定義自己。

所以我決定一整年都不要約會、不要性生活、不要男人。那一年讓我有機會回歸正軌、不再因為 OkCupid 或是 Tinder 而分心。跟朋友出去時，也不再急著物色對象，而是終於能好好坐下來和自己相處。這是個不太順利、卻相當深奧的過程。我好幾次在入睡時環抱自己，告訴自己我值得，我被愛著，因為我想念外在的肯定，想念男人的撫觸帶來的舒適感。

當時我沒意識到的是，這些時候其實我是在告訴自己，我愛我自己。

我不是為了能跟伴侶有段更好的關係才花時間讓自己步上正軌。這麼做，是為了找到是什麼能激發我，還有，老實說，讓我愛上自己。

愛情沒有對或錯，我們注定會在感情裡跌跤、注定會傷了別人的心，也讓自己的心受傷、注定要經歷幾段不健康的感情——如此才能繼續成長，從學習讓人更了解自己的課題中更加精進。

然而業力之愛有時會是我們孩子的父親，要擺脫他，就不是件易事。

業力無法逃離

業力關係會讓人上癮，愛意轟炸當然占了絕大部分，性愛也是。這表示我們不僅可能跟業力之愛結婚，往往也會頻繁地與對方上床。因為我們通常會在人生年紀較長時才遇見第三段愛情，所以會先與靈魂伴侶或業力之愛結第一次婚並且／或者生兒育女。

雖然和靈魂伴侶共同擔起父母之責可能是件好事，但跟業力之愛就不同了。如果牽涉到孩子，要從業力之愛脫身可就不容易了。狀況可能會棘手得難以置信，就算彼此的糾葛早已清得乾乾淨淨，仍會讓人覺得似乎只能跟業力之愛困在一起。

不過，如果能從棘手的狀況中看見課題，如果能釐清靈魂注定要從中學習什麼，那麼就能真正改善雙方共同教育子女的關係。

綺雅拉嫁給了她的業力之愛，愛意轟炸的循環強烈到令她無法抗拒。置身當中五年後，她知道她得離開。他們不但結了婚，還有一個孩子。她深知就算離開了也無法真正擺脫這個男人。

她是在離婚幾年後才認識我。她很沮喪，因為男方還是能踩到她的底線，就跟當初結婚時一樣。於是我們談論她的觸發點，他又是如何操弄，而她在允許這些行為跟循環當中又扮演了什麼角色。

對綺雅拉來說，這牽涉到界線。

她永遠是善良的那一方，從來不想傷害誰的感情，這表示就算她決定離開前夫，她還是想跟他當朋友。她還是認為自己能讓情況好轉，而且只要婚姻結束，前夫的行為就有可能改變。知道這些期望完全沒發生，實在完全不讓人驚訝。

綺雅拉跟我一起為她的前夫畫下界線，這表示此刻她不是他的朋友。她把「母親」這身分擺在第一順位，接著設下所有可讓自己覺得好些的範圍。當然，她的前夫想阻止，但是幾個月後，他漸漸了解自己的小動作再也引爆不了她的地雷，所以他也得改變他的行為。

這表示綺雅拉跟業力之愛、她孩子的父親之間的循環，不僅因為彼此清償了各自的業債而告終，他們也從中學會了課題，獲取了教訓。

冒名頂替者

辨識業力之愛的問題之一，就是我們很可能會誤認為它是雙生火焰。這就是「偽雙生火焰」現象。這是一份我們希望它正是我們所要、感覺如此深厚的愛，然而我們無法久留。我們告訴自己「就是它了！」，卻因為沈溺在愛意轟炸中，沒能看清現實。

這是在清償業債，是在能夠迎接健康之愛之前注定要學習的另一個課題。

偽雙生火焰是形容一段關係與連結，予人的感覺強烈到會讓人認為那是真的，是無可取代的天命。跟真正的雙生火焰在一起時，儘管最初可能會有類似業力關係的激情，但絕對不會出現像是依附或自戀等不健康的行為。真正的雙生火焰絕對不會讓你十年來都當小三，或是都被劈腿，因為雙生火焰是唯有在所有業債都已清償之後，才可能出現的連結。

我曾為我的業力之愛神魂顛倒。一開始，我以為他正是我的雙生火焰。我記得我曾這麼形容：我踮著腳尖，我們的雙唇輕觸，那感覺就像地球初次轉動。我未曾感受過這樣的化學作用與吸引力，於是我認為那是因為我倆的靈魂擁有深層的精神連結，卻沒認清這個狀況的現實面，也沒看清這段關係的本質——我們被安排出現在彼此的生命中，是為了學習，並且清償前幾輩子累積的業債。

對我來說，這當中的業力——我學到的教訓——就是了解我個人的價值，以及絕對不要愛別人勝過愛自己。我在感情關係中絕對有一些依附症的行為，對被人需要的感覺樂在其中，但這通常會影響到伴侶。雖然我知道我值得從伴侶身上得到什麼，但還是常為沒有得到而找藉口。部分原因是我害怕失去這段關係帶來的業力高潮，也因為害怕自己將來無法擁有這種感覺。

我未曾遇到在我還愛著某人時卻得轉身離開，或是我的憐憫與愛無法讓我和對方都能得到，而只能擇一給予的境地。

但這樣進退兩難的困境在業力之愛的循環中是很常見的，因為我們太習慣將他人置於自己之前。這不僅是因為這個連結的力量，也因為我們企圖犧牲自己，好去修補他們。任何健康的關係都不會需要人犧牲自己的本性；任何健康的關係也都不會要求我們委屈自己的價值與值得的一切——這可不是指珠寶或搭直升機約會，而是指正直、尊重與信任。還有，尤其是，沒有任何健康的關係會要求你把自我之愛擱置一旁，只為了能去愛你的伴侶。

「催化劑之愛」是我用來向客戶形容這種業力之愛／偽雙生火焰的說法。因為若是沒有這個人，我們就無法走上新的道路，也就無法以不同的觀點看待自己，探索生命與知覺的不同面向，無法在一段健康的關係中，處在能為自己發聲的地位。

我們都想找到自己的雙生火焰——可是要明白，要到達那個階段，得先清償許多業債，這些業債很可能是累世和這個特定的伴侶彼此一再互相傷害的結果。

席妮希望我能協助她，斷絕她跟那個她相信是她雙生火焰的男人之間的羈絆。她和不少靈感強烈的人及治療師談過，得知他們兩人過去好幾世都曾一起共度。

初次見面時，我告訴她，任何形式的愛情都沒有「斷絕羈絆」這回事。因為，當我們學完所有課題，這些羈絆本身也就沒有存在的必要了。

在我們合作期間，這個男人在她的生活中來來去去，從來沒打算滿足她的需要，也從沒將她放在首位——儘管他待她如草芥，席妮仍然相信他就是她的雙生火焰。他跟別的女人上床、對她不理不睬、毫無感情，他的作為全都毫無誠信與正直可言。但席妮還是堅持著，因為她無法以其他眼光看待這個人，直到她終於沒得選擇。她決定放棄——其實也沒什麼好放棄的了，除了對這個對她有害的男人的期望——有朝一日對方能以她所需的方式愛她的想法。

不久後，席妮變得更堅強，她得到了療癒，也清償了彼此累世積累的業債與傷痛。

因為他，席妮踏上了一段精神之旅——不僅要成長與療癒自己，還要去發掘她生命中更偉大的使命。當她相信世上還是有美好的愛情時，她對跟新對象相處也會同樣開心的想法也就有了更強大的信念。

她同時也改變了她向宇宙發出的律動頻率。

席妮最後喚得一個就算沒能滿足她所有的核心需求、至少也滿足了一大部分的男人的能量——她不但療癒了過去幾世的業力能量，也療癒了那些來自孩童時期、至今依然影響著她的情感獲得度與脆弱度的傷口。

所以，催化劑之愛儘管注定不會長久，但它對我們和生命的影響卻是永遠。

正是這份愛，讓我們最終得以跳出過時的劇本安排，跳脫必須接受自己並不值得的看法。這份愛讓我們理解，愛不會以我們以為的方式出現。也許，只是也許，除了停駐在一段感情中之外，人生還有更多可能。

能為你我生命帶來最多改變的，莫過於美麗的催化劑之愛。也因此，就算他們是冒名頂替雙生火焰的人，我們也要對這次經驗永遠心存感激。

一次就終結循環

業力之愛來到我們生命中，只為了讓我們學到寶貴的一課。

它不是為了天長地久，不是為了回應我們的祈求或讓白馬王子翩然而至，而是要緩慢且刻意地解構我們的生命，讓我們不得不去改變、成長，最終過渡到開心接受自己的永恆之愛。

我們在這個階段必須了解的第一個課題就是：不是每段愛情都應該天長地久。我們必須放掉「一切都在掌握中」，和「只要更常溝通、更多性愛、付出更多，這段感情就會轉變成我們想要的樣子」的想法。我們也得跟「自我」和解，必須對自己坦承，不論我們多麼優秀、用情多深，都無法要求別人回報我們延伸到他們身上的一切。

我們無法讓別人想做得更好，也無法延續一段唯一使命就是要結束，才能讓我們朝前邁進的感情。

第二個課題或許也是更艱難的教訓，就是面對這段感情確實結束時產生的恐懼。愛是困難的，毋庸爭辯。為了能再給彼此一次機會，許多人甚至得避開這段感情可能得結束的想法。害怕自己最終還是孤單一人是正常的，不管那只是個想法，或是更具體的「如果沒人要我，那麼會對自我價值有何影響」的想像。

我們必須能和自己自在地相處，這樣就無需為了逃避對孤單的恐懼，而勉強跟某個人在一起。

業力之愛的第三階段之所以可稱為「課題」是有原因的：這個階段，我們真的就是在學習。學習看清事情的本質，而非以希望它成為的樣子去看待；我們學習觀察關係中不健康的行為，也慢慢學習如何先顧及自己，而非對方——儘管我們自小就被教導不可自私，尤其又被灌輸女人在愛情中必須沒有自我，永遠要優先考量他人的需求，而不是自己的。

這結果只是耗損自己的心理與情緒，從沒讓自我得到滿足。

在學習這些重要的人生課題之前，我們似乎會認為隨便跟誰在一起，就算對方對我們也沒特別好，也都好過自己孤單一人。如此想法有部分是源於文化的準則，在這些準則中，我們仍舊被期待要長大、回報、結婚、生兒育女；另一部分則源自社會觀感。這是個「有伴至上」的社會，就算個人度假住宿，也會被收取雙人入住的費用。單身仍被視為障礙，而非選擇。這種刻板印象與思想框架雖然正在改變，但也是相當近期的事。

我們歷經三段愛情而成長，這並不是說你必得先經歷過兩段感情，才能擁有盛大的白色婚禮，過著幸福快樂的日子；它說的其實是「改變這個社會的集體意識」。當為數眾多的人開始察覺，學會靈魂伴侶與業力之愛帶來的課題，也就會有更多人覺醒、療癒自己，繼而為周遭的人帶來改變。

這個階段的重點在於我們能成為更好的人，以及透過感情的經歷讓自我精進，不論那感情是否長久。

接受就是自由

一旦接受了事情與我們期望和設想的不同，就等於是讓自己從對它有無限想像、卻看不清本質的狀態中解脫了。

所以，為了這個壓軸的重大課題，我們得前往一個能讓我們看清一段感情、一段愛的價值的境地，就算最後還是會遭受背叛。

就算這段業力之愛最後會全盤皆輸（絕對會），我們還是得到達那個境地，那個沒有報復或憤怒的舉動，能退一步為我們的行為負責、承擔自己過去在不健康的關係中應負的責任，原諒前任和自己。實踐這些步驟不僅就是最大的課題，也能清償所有殘存的業債，將自己調整到能夠邁步向前，迎接永恆之愛的境地。

當你能夠不帶痛苦、敞開心胸記取這些教訓，你就知道你已成功前進了。這不是在為自己或伴侶的不良行為辯解或找藉口，儘管外人看來就是。差異在於，這個循環不但得以了結了，而且因為我們承認、也治療了業力，那個緊密的連結或吸引力於是也被切斷了，魂結（soul tie）也會斷開。魂結是另一種形容這種連結的說法，因為我們的確是累世互相連結——不是因為雙方是為了彼此而存在，而是因為我們握有能讓彼此的自我晉升到更高層次的鑰匙。

對於大多數業力之愛，辨識業債是否已償清的方法就是，業債一旦已償清，儘管我們可能仍會覺得對方很有吸引力，或是不介意聊聊，但絕不會有「我該怎麼吸引他注意？我想剝掉我們倆的衣服。」這種想法。如此表現就是成長與療癒的跡象。

為了真正記取這段業力關係帶來的教訓，以及不拒絕將來可能出現的愛情，我們得到達能跟前任伴侶和平相處的境地。這通常會具體出現在關係正式結束，彼此都有時間可喘息和思考的時候。

不幸的是，這也意味要結束這段連結，過程會比先前的靈魂伴侶關係拖得更久。我們會在「現在我們是不是還在一起？」的灰色地帶徘徊一段時間，仍然保持親密，但隔天卻又不確定彼此是相愛還是相恨。

艾莉莎希望她的業力之愛成為雙生火焰。她希望這段關係能長久。這倒不是因為這段關係很健康，而是因為她很了解對方，而且她愛上的不是只有他這個人，還有他們的故事劇本。

就算她的伴侶凱勒博當面告訴她，他們不是雙生火焰，艾莉莎也無所謂。她還是相信就是，還是認為他的想法會變，然後看見「事實」。

艾莉莎害怕一旦承認凱勒博並非她的雙生火焰之後可能會發生的事。那表示先前那些前後不一的行為與背叛都沒有意義，她不過是再度陷入另一段糟糕的感情，而她曾為了盼望這段關係能成功，還大肆頌揚了一番。

她在無計可施之下找上我。

跟很多人一樣，艾莉莎也害怕前進。她不知道邁步向前得付出什麼代價，因此，繼續無視凱勒博為何不是她的雙生火焰，無視這段關係為何這麼不健康，顯然容易得多。她在過程中要隱藏自己的需求，對自己說謊，表現出連她自己都知道不是她本來面目的樣子。

艾莉莎最終還是找到力量，切斷了跟他的連結。儘管她還是想念、渴望著凱勒博，但她終於自由了。

她覺得自己剛剛通過了生命中最大的考驗。

一旦減少對朝前邁進的恐懼，而且重視個人的內心平靜，我們會到達一個境界，在那裡，一切都不再重要，因為這段關係感覺就像是要從我們身上拿取，而不是給予。我們感受到，若是想跟業力之愛維持任何形式的關係，就得忘掉所有我們知道為真的東西——我們的價值、所值得的、我們的直覺，還有我們對自己的愛。

簡言之，這段關係最終就是要你在業力關係，以及自己、內在平靜和對自己的愛之間做出選擇。

然而，要堅強到能選擇自己，也意味我們還是有傷，而且仍在療癒中，我們靈魂淌的血也還滴流在其他人身上，因為我們還沒好好處理它。這就是這段愛情為何如此神奇之處：業力之愛選擇了所有最艱難的路，但是也允許我們療癒自己過去的傷口、家庭的調教，以及業債——但這些都只會出現在你選擇了自己的情況下。

選擇自己，先於他人

如果我們不選擇自己，別人也不會。

你的確會痊癒、成長，不僅變得更接近真實的你，也療癒了那些與你有關、卻一直妨礙你展現脆弱與真正親密關係的事情。在我們完全痊癒、準備好、以及處在跟對方相似的能量中律動之後，雙生火焰才會現身。為了到達這個境界，我們必須善用業力之愛這階段的教訓，如此一來就不會又遇上另一個看似心傷已癒合、但實則不然的對象。

一旦確認自己處在業力之愛中，就算只是根據現實狀況而高度懷疑，下一步就是要作個了結——但是無需停止我們對對方的愛。我們可以純粹因為這段關係不再健康、甚至從來就不是健康的關係而結束一切。就算跟伴侶分手了，我們還是可以告訴對方我們愛他；我們可以將療癒與正面心態延伸到他們身上——但這不表示我們得繼續讓一切維持原樣，或是持續接受現況。

儘管你確定這段關係會結束得轟轟烈烈，但結束也可以是好聚好散。不過這有很大一部分是跟怎麼修這門功課有關。用「修自己的功課」一詞似乎是要增加大家耳熟能詳的程度，但這其實也表示我們基本上是在看著自己的爛攤子。修自己的功課是設法釐清：為什麼我們一直在跟年紀比我們大的人交往、為什麼做愛後不想和對方過夜，以及任何會阻礙你我與他人擁有真正毫無隱瞞、健康、高功能感情的問題。

修自己的功課，意味我們不會為自己找藉口，或是一再進入重複的模式或循環，也不會將所有過錯全推給伴侶或父母。這世上很難找到有誰會認為自己兒時沒吃過苦，或是沒經歷過精神創傷的，但這不表示長大成人後還能一直拿來當作自己目前行為的藉口。有人可能在成長過程中經歷過虐待或至親死亡等令人驚懼的可怕經驗——但我們同樣也有自我療癒的能力；生命也不是「我的痛苦比你的深」或是「我過得比你更苦，所以我有資格這麼做；我的行為就是可以這麼囂張，你看我傷口這麼大又這麼深。」

修自己的功課與療癒，就透露出你我都已被傷到一定的程度；我們都被傷害過，也都嘗過信任破滅的滋味；然而，在我們喊出「夠了！」的那一刻，我們就開始成長了。

選擇自己，就表示我們將療癒自己放在首位。

當我們說出「雖然它一直都這樣，但不表示就得繼續下去。」的那一刻，療癒就開始了。當我們說出「不，過去那些說愛我們的人，對待我們的方式是不對的，但那不表示我們就得讓往事阻撓我們前進。」的那一刻，療癒就開始了。

不論我們過去做過或經歷了什麼，我們都值得療癒和原諒，無疑也值得擁有最高形式的愛。

我們可以原諒自己需要經歷過這個經驗，原諒自己對自己的傷心也有責任，原諒自己接受了得到的竟不如自己明知應得的多。

當我們能處在當下，而且不以受害者的心態去察覺，就能以不同的眼光看待業力之愛的結局。我們可以將依附症視為是對離開的恐懼，視欺騙為測試自己是否堅持自己需求的考驗，視說謊為表達自己真理的教訓，而背叛則成了原諒的最後測試。修自己的功課，是將「個人」從這段關係中移出，知道事情並非針對我們而來，如果沒將問題完全攬在自己身上，便可單純地去看我們能從這個經驗得到什麼收穫。

就算是最殘忍的背叛，也能從中學到動人的一課。漢娜跟她以為會是她雙生火焰的男人交往。他們有一段超凡的連結，彼此間的美好性愛更是超乎想像，而且不論發生什麼事，漢娜似乎都切不斷這段關係的臍帶。但這跟他們相遇時雙方都還在另一段感情中，或是兩人理當展開新關係、男方卻還跟孩子的生母糾纏不清無關。

這些都不重要，因為漢娜總是能為他的行為找到說詞；她相信這些狀況都有原因，而且他們的愛十分穩固，不論何時感覺都像初識那般火熱。

當然，這只是漢娜犯的第一個錯誤，認為只要把時間拉長－就像在坐牢－她就能得到她認為自己應得的感情。但這個歷程是她開始去愛時選擇的，所以這正是她得經歷的。然而在她將經濟大權交到對方手上、一起出遊、規劃未來、談論彼此的愛，而且金援他超過一年後，對方最後在這段關係中一時興起，橫跨大半個國家，跑去跟另一個女人一起追尋幸福了。

說她心都碎了都還算客氣。

對漢娜來說，這不只是一段感情，還是她的人生，而她視為永恆之愛的男人只讓她心碎，更讓她不知是否還能相信愛情。我和漢娜初次見面時，她對他仍充滿怒氣，我確信大家都會這樣。其實我認為漢娜不只是憤怒，而是像安琪拉・貝賽特（Angela Basset）在電影《等待夢醒時分》（Waiting to Exhale）裡放火燒掉一輛車的那種憤怒程度：這完全是不同等級。

漢娜從不避諱做這些犧牲，也不避諱將之攬在自己身上。

她承認自己忽視了警示徵兆，她刻意不去過問他的事，因為害怕真相，她內心深處覺得他跟別的女人有染。

她開始沉澱，不僅針對這次分手，還有這整段感情。她承認，身為一個有同理心的人，她的確有一些依附症的特質，當時她曾希望前任不是重度的自戀者，因為他的確表現出一些相關的舉止。她承認她之所以同意另一個女人存在，是因為自己還不確定是否有足夠的心力為一段完整的感情付出。漢娜最後做了結論，雖然男方的行為令人無法接受，但她自己無疑也助長了這整件事發生。她最後以斷絕聯繫結束這一切，因為她需要心靈的平靜與愛自己，但她對他的愛絲毫不減。

漢娜值得更好的對待，這個領悟逐漸深植在她心中，而她對於兩人共同經歷過的一切充滿深深感激。因此她原諒了對方，在表達了對他的感情後，接著就往自己的療癒邁進。

也許我們無法立刻原諒他人，朝前邁進，但那卻是我們的旅程可以前往的目標。有時我們會聽見：「他們不值得被原諒。」但這真正說的是：把原諒當成是為了自己或我們的療癒所做的事，不是我們應該得到的。原諒將我們的行為從別人身上轉移開。我們不必決定這個人值不值得我們原諒，我們把原諒給了自己，如此一來，才能從痛苦中釋放自己，朝前邁進。

沒有其他感情會像業力之愛那樣，考驗著我們原諒的能力。部分原因在於業力之愛捧著我們受傷的心，保證會更愛我們、會做到他們跟他們的靈魂伴侶在一起時做不到的事、會跟我們一起成長——是的，業力之愛的確做到了，只是跟我們期望的方式不同。

我們可以永遠愛著一個人，儘管明知注定不會跟他進入一段關係，因為真正注定會長久的只有一種關係。只有一種愛、一種關係理當長久，其餘的都只是美麗的教訓，只是為你我指引前往永恆的指南針。

第三段愛

雙生火焰

那個感覺就是對的人

第一部

美夢

愛永遠值得努力

破碎的心無法想像能再愛一次，不過，愛就是有辦法在不知不覺中不請自來。我們偶爾會懷疑那是不是愛，因為感覺不同，而且許多方面都讓我們懷疑自己是否真的愛過？有時，我們很難接受第三段愛情，因為先前體驗過的愛都與痛苦和困難有關。

沒有人是懷著尋覓雙生火焰的心態出發的；沒有約會軟體能神奇地讓人找到一個跟我們有著相同火焰的人，而這個人雖然並不完美，對我們而言卻是完美無缺。我們起初往往不會相信、也不會全心投入這段關係，因為在雙生火焰的第一階段，對方在我們看來的確完美。

先前愛情呈現的樣貌，就是我們要犧牲、要努力再努力，即便內心深知它並不會真正讓我們快樂。儘管雙生火焰的概念已越來越為人所知，但它聽來仍像是個童話故事。

我們心想，是啊，聽起來的確很美好，但也只是個浪漫的想法罷了，不會真的出現在現實生活。

這段愛情就像旋風，要真正了解它，就得先打碎我們認為「愛情應該是什麼樣子」的信念系統。這份愛神奇嗎？當然神奇！這份愛容易嗎？不容易！但是擁有一段輕鬆簡單的感情並非這份愛的重點。

雙生火焰是高度連結的精神關係，通常是指讓我們遇見自己的另一半、甚至是真命天子的那種愛情。據說宇宙初誕生時，每個人都有一個跟自己共享相同能量的雙生火焰。

經過數世輪迴，我們轉世進入不同的軀體與角色，有時是男、有時是女；有時是母親、有時是子女；有時是手足，有時是朋友。我們因此得以學習不同的課題，而這些課題有助每個靈魂從意識各個階段覺醒，直到我們終於相聚。

接受雙生火焰關係的意義有時並不容易，尤其是我們被教導認為所謂的「關係」，目的和結果就是要步入婚姻，和某人一同老去。前述這些雙生火焰都能做到，但它的使命遠遠不只是兩個個體的利益，而是要為世界帶來全面的改變，這正是雙生火焰與其他類型的感情關係不同之處。

不求回報之愛的任務

除了這份愛本身更高的使命之外，最重要的是這份愛並不求回報，這也使得這段連結得以從業力中分離。

業力之愛的任務是為了清除你我累世的業債，雙生火焰的使命則是教導我們不求回報之愛的意義與行動。雙生火焰有時也稱為「agape—靈性之愛」，它是我們在世上能體驗的最高形式之愛。它是延伸到我們伴侶、沒有任何預期，也沒有任何條件的愛——換言之，不求回報之愛。

這段關係終究不是只為了停駐在每個夜裡都有人能與你相擁入眠，它的存在是為了讓你我更接近我們生來就該成為的那個「更好的自己」。它是一段會帶領我們回歸自我本質的感情，儘管方法有時極具挑戰性；它也是一段無價的關係，因為無人能做到我們的雙生火焰能為我們做的事。這不僅是一段將不求回報的愛延伸至伴侶的歷程，也是將這份愛延伸到我們自已和身邊的人的歷程；這不僅要能真實感受到愛的情緒，還要成為一種律動。

不求回報的愛是超越現實的，它的延伸跨越時空，克服所有不可能。它也是一份「我愛你，就只因為你是你。」的愛，而不是「你要回報愛給我，我才會愛你。」的愛。這是在學習我們可以去愛一個人，完整接受他，但不強迫對方成為他不是的樣子，或是做一些對他而言不對的事。

這也是這份愛為何最初就能讓人感覺如此美好、如此輕鬆自在，甚至如此自由。我們不必做什麼就能得到這份愛，不必強力的愛意轟炸，或是要令對方印象深刻，甚至不必有絲毫犧牲——我們只需要做自己。

在遇見雙生火焰之前，很多人也許已經對獨身狀態相當自在。我們很滿意自己，甚至不在意是否還能再度走進感情。所以，在初初見到這個特別的人時，我們對這段感情毫無期待，也沒有想達成的目標，例如婚姻或子女——就只是單純享受這個人的存在，以及這段經歷要帶我們前往的地方。

這感覺十分輕鬆，因為不求回報的愛打從一開始就在那兒，即使這段感情最終還是需要我們的付出。

雖然很多人都會說自己是無條件地愛著誰，但實際執行起來卻是困難得多。這就是我們為何得經歷無數階段與課題，才能真正理解愛，能將之具體呈現的境界。

一個不光只是感受愛，而是成為愛的境界。

由它去吧

雙生火焰的動力中一項最重要的因素，就是我們不會企圖讓它變成它不是的樣子。我們讓這段關係自己向我們揭示它的真貌，這段關係則在過程中有機地成形。

大家都聽過費洛蒙——人潛意識裡會據以判斷對方是吸引我們或令我們反感的氣味。律動頻率也是以相同的方式在運作，而且就像廣播頻道，每個人的律動都有不同的頻率——雙生火焰的不同之處，就在於雙方都處在同樣的頻率和能量高度。

我們很可能一開始無法形容這個人，只會感覺彼此的熟悉感和舒適程度勝過先前有過的所有關係。雙生火焰自然會有高頻的律動，甚至早在彼此相遇之前就有，所以這會導致彼此間產生神奇的拉力，不論這說法看起來如何不合邏輯。

我們不但彼此擁有獨特的律動，我們經歷的情緒亦然。如果我們生氣、嫉妒、自私、傷心、甚至是與自信心不足在對抗，那麼律動頻率就會降低，不論那是不是我們正常的頻率；這同樣適用於這些情緒：平靜、開心、接納、健康的自我形象，當然了，還有愛，這些都是律動頻率最高的情緒。所以，隨著我們經歷這個過程，癒合業力伴侶造成的傷口，我們的律動頻率就會增高。

當我們練習正念——一種在當下保持身心靈平衡、控制自我思緒的行為——我們將會具體呈現出越來越多愛的頻率，這正是這整個連結的使命。

這個連結有個有趣的面向，那就是它會在諸多方面挑戰我們，而且通常是以最意想不到的方式，如此我們才能成長。因此，雙生火焰極有可能是我們從來沒預期會交往的對象，甚至一開始就認為是完全不適合的人。

雙生火焰來自不同種族、文化或社經背景的情況其實並不罕見，就連年齡差距顯著也不是前所未聞。雙生伴侶也會轉世為相同的生理性別，一方有著男性靈魂，另一方則為女性。這樣的情況並不是一種阻礙，反而能讓人了解，最好的愛常是以你我想像不到的方式出現，並且會掃淨那些源於家庭或個人的灌輸調教、對於何謂理想伴侶的殘存看法。

就算不是最極端的說法，許多雙生火焰對另一半的評語也常會是：根本「非我族類」。

這樣的心情在電影《瘋狂亞洲富豪》（Crazy Rich Asians）中有了回響。片中，吳甜敏（Constance Wu）飾演的瑞秋發現，交往已久的男友，由亨利．高汀（Henry Golding）飾演的尼克，其實非常富有。她發現這件事是在搭機要回他的故鄉新加坡參加一場家族婚禮時（他們的機位不是在頭等艙而已，而是在豪奢艙）。瑞秋十分驚訝，而且，身為紐約大學的教授，她從來沒預料、也沒有奢求過跟像尼克這樣富有的人交往。這並沒有改變她對尼克的感覺，然而抵達新加坡時，她看見一個新的尼克。

就像任何優秀的紐約客，瑞秋適應得很好，而且很快就習慣這種她過去未曾察覺、跟自己的出身完全沾不上邊的生活方式。

我們看到好幾個關鍵片段，瑞秋首先要學會的就是融入這個新加坡頂級富豪家庭，但是我們接著看到瑞秋和尼克的母親楊艾蓮（楊紫瓊飾演）之間醞釀的衝突。楊艾蓮讓瑞秋知道，她配不上她兒子，而且她也強烈反對這段戀情。瑞秋和尼克的關係看似就要結束了，但瑞秋在最後去見了楊艾蓮，她告訴楊艾蓮她會離開，因為她深愛尼克。瑞秋溫柔地提醒她，如果尼克有朝一日開心地娶了一個楊艾蓮認可的女子，那是因為瑞秋放手讓她的摯愛離開，因為她希望尼克能幸福。

當然，楊艾蓮最後回心轉意，尼克和瑞秋似乎也找到了彼此的永恆之愛。這部電影同樣描繪出，如果我們想尋得真愛，就必須先拋棄心中計畫的旅程，因為真愛從來不會如我們想像的那樣到來。

要擁抱雙生火焰之愛，我們必須理解，沒有任何事是「合理」的：這個人的長相、我們感受到的連結與吸引力、甚至這份愛出現的時間點，沒有一項會遵循任何傳統的時間軸、甚至感情的標準。這份愛的連結本身才是獨一無二的，雖然你可能有許多靈魂伴侶與業力伴侶，但只會有一個雙生火焰，一個有別於任何連結的人，而此人唯一的願望是希望你能學會愛自己，就如同他深愛你那般。

但這份愛不會是包裝精美、唾手可得的。它會更像是強烈狂野的颶風，為生命劃出明確的前後分野。雖然我們可能在二十多歲時就遇見了這個人，但也許一直要到年紀略長之後，才會跟對方進入一段關係。

這是因為我們無法為了迎接他們預作準備。

為了接收到雙生火焰，我們不僅需要清償為數可觀的業債，也要更專注在「身為獨立的個體，我們是誰」。我們需要歷經第一段和第二段的愛，才能療癒自己的傷口。否則，我們對待雙生火焰的方式將會跟對待其他感情一樣，甚至察覺不到它的獨特之處。

珍娜在工作與社交圈中就曾多次跟她的雙生火焰相遇。只是每次與雙生火焰相逢時，她都還陷在業力之愛的痛苦中。她被關係中的混亂與誇張事情深深吸住，因此完全沒注意到亨利。

幾年後，她離了婚，也單身一陣子。這時她赫然發現，宇宙曾將他們倆湊在一起好一段時間——只是她還沒為他準備好。

雖然我們必須在人生中後期才能遇見自己的雙生火焰，但這有部分也可能是問題，因為我們最初可能會將這段感情、這種感覺，視為一場浪漫的邂逅，而它之所以令人著迷，是因為我們尚未做出承諾。告訴自己，這段關係允許我們在這當下駐留，無需改變，而且不必重新建立自己的人生，這就是這段雙生火焰連結所要求的。

因為對於「我是誰」我們已學到許多，再也無需去找另一個人來讓自己完整。我們有自信，有安全感，而且更樂意保持單身。所以，當雙生火焰來到時，不必急著將它變成有違其本質的東西——而它的本質就是一份感覺舒適自在的愛。

雙生火焰不會完美，它一樣會犯錯，但這個連結將會對你有所啟發。

生命從此不同

雖然世上沒有完美的感情，但這份愛還是會讓你覺得它竟然來得這麼容易。

雖然雙生火焰可能多年前就已出現在彼此的人生中，可能是合夥人、朋友、同事、甚至只是個遠方的熟人，但感覺還是尚未顯現。當我們跟雙生火焰四目相接，一種相識感、連結、熟悉感可能會油然而生，甚至直覺感受到對方對我們很重要。但我們忽略如此感受，因為他對我們來說太年輕、太老、出身背景不對，或者我們會告訴自己：「我有個幸福的婚姻。」（沒錯吧？）

有時，我們甚至打從一開始就完全沒記得這個人，徹底忽視感受，而是對自己說人生都規劃好，也上了軌道了，可以預見五年後我會在哪裡、做什麼工作、多久要結婚、甚至會到哪裡度假。

但就是有那麼一瞬間。

不知道什麼緣故，宇宙傾斜了一下，不可能的事發生了。我們可能第一次跟這個人見面，或是突然間自己改變了看法，接著便以全新的眼光看待他們。我們的防備放鬆到他們恰好能走進來——在那一瞬間，生命就此不同。這也許會發生在當你在孩子的學校直視某位老師的眼睛之際，或是週末和好友在酒吧跟對面的陌生人四目相接時。不論如何發生，那一瞬間，我們會感覺到，原來生命一直在引領我們來到這一刻。

不論細節為何，生命就此起了變化，我們也從此不同了。儘管極力否定，但我們窺見了某件本以為永遠不可能的事，先不管它的出現時機或不可能性，一段我們永遠無法忘懷的連結就這樣被點亮了。

雙生火焰有其神聖的時程，雖然一開始看似對我們造成了不便。

當席夢在跟朋友例行的年度冬季旅行中遇見雙生火焰之後，她的世界就有了天翻地覆的改變。就在這特別的一年，奇蹟發生，她跟她的雙生火焰相遇了。他們毫無預期地相遇，各自的友人也都在場，但他們當下就覺得自己被對方吸引。彷彿彼此認識了一輩子。那一剎那，正是他們旅程的開端。

雖然席夢比對方更早接受了這份感覺與意義，但情況始終讓理性的她天人交戰。畢竟，他們在那當下都是已婚狀態——而且還有孩子。

席夢考慮的是，她非常滿意自己的生活。如果當初年紀稍長，她也許不會選擇目前這段婚姻，然而她和丈夫愛著彼此，共組家庭，也共築了人生。她從來沒想過要離婚或是展開自己的新生活。席夢還在學習了解的是，雙生火焰關係的確是一段旅程。見面是大部分愛情關係的構成因素，大約六個月過後，我們要不就是明白這段關係只是玩玩而已，然後分手；要不就是更加認真地看待這段感情，然後藉著將伴侶介紹給家人、同居最後甚至訂婚，展開這段讓彼此生命結合的過程。

不論我們是否一直都有意識到，但我們往往是在遵循一份愛的「食譜」，而最後的成品就是婚姻，或某種更深入的承諾。

當然，雙生火焰不一樣。因為這段連結向來與平凡或傳統無關。事實上，我們在這段旅程的不同時期，會經歷面對旁人質疑如何接觸到這段關係，與為承諾下定義的挑戰。雙生火焰的最終使命就是成長，意思是，在許多情況下，這段連結可能要花上好幾個月、甚至好幾年，才能修成正果。

這個連結當中的成長是不一樣的。比起療癒我們的過去，這段關係更注重讓我們能展臂迎向未來。它跟我們是誰比較無關，而是跟我們注定成為的那個人有關。這不表示我們在這過程中不會跟雙生火焰在一起，但它的確代表我們得明白「個人成長」才是這段連結的優先重點——在這段關係中，愛情本身永遠是第二順位。

在跟雙生火焰同行的這段關係中，席夢逐漸明白，自己在目前這段婚姻裡已經許久沒有感受到真正的快樂或滿足了。諷刺的是，她的雙生火焰也有相同感受。雖然他堅定地說他愛著妻子，但有時聽起來卻像是他企圖在說服自己。

很多人都設法說服自己要、或至少維持——不快樂。

我們告訴自己情況就是這樣，我們已是成人了，所以得戴上大姊姊或大哥哥的面具，然後面對它；因為沒有人真正快樂地生活在愛中，性生活永遠美妙，對吧？或者，這至少是我們自己為了避免改變的內心獨白。

本質上，我們因為孩子、經濟狀況、旁人的期待、甚至只是自己離不開舒適圈，就說服自己不要快樂、不要離開一段快要沒救、或已經沒救的關係；如果身處的是一段枯燥乏味的關係，這樣或許還行得通，但跟雙生火焰可就不然了。因為他們會一直堅持，不會放棄，直到我們開始認真看待自己。

直到我們張開眼睛，承認這段連結和感受，以及令你失去理智、神魂顛倒的吸引力。

被喚醒的性欲

雙生火焰的特徵之一，就是雙方對彼此身體的吸引力與性的欲望。

雙生火焰之所以互有強烈的肉體吸引力，是因為彼此的能量層級相似、因為舒適感、也因為彼此的性愛遠超過我們對性愛的了解——這常會被形容成是此生最美妙的性愛關係。這不光只是過程中深深投入，還包含一種不會出現在其他感情裡的強烈熱情，那種當我們見到或只是待在他們身邊，就會不由自主產生身體反應的熱情。

凱倫遇見雙生火焰時還是已婚身分，她形容彼此的相遇「喚醒」了她的性欲。在這之前，她會說自己已是「性趣缺缺」，對性的需求與欲望都處在休眠狀態，也許是因為生了小孩、結婚久了都會演變成這樣（我們對自己說的謊言真的很神奇，如此一來就能假裝不快樂是正常的）。然而當她遇見她的雙生火焰時，一切都變了。她甚至這麼形容雙腿間的酥麻感受：「噢！天啊！我竟然還有感覺！」她對自己還有性欲著實震驚——這還只是待在他身邊而已。

如此迷戀不只是因為我們受到他們的外貌、甚或人品所吸引，也是因為這是靈魂與靈魂間的吸引力而產生的。它是一種真正被另一半看見，讓他們看到、並且全然接受了我們的感覺；那是另一個人真的「懂」我們，一種無法言喻的感覺，一個我們很久以前就已不再認為有可能出現的感覺。

雙生火焰同時也強調將性視為一種能量交換。我曾經跟好幾位表示在跟雙生火焰有過性愛關係之前，從來不知道「性愛」是什麼的女性談過。就像史黛西說的：「跟他的性愛就像是終於體會到所謂的『欲仙欲死』是什麼感受。」性就表達出靈魂對靈魂的深度連結，性，也是彼此在一起時所能感受到的多重面向的吸引力。

這同樣教會我們，一個在肉體上讓你欲火中燒的人，跟一個在精神、甚或心靈層次上讓你欲火中燒的人是不同的。因為雙生火焰的連結是一種身、心、靈的真正連結，它的吸引力存在於每個層次。我們不是只想褪下對方的衣服，直接上床；我們要的是親近他們、跟他們對話、靜靜坐在一起，享受彼此的存在。

這不僅是一種性的化學反應，還是一種整體感，或是完整感。這也是為何不論我們多麼用力抗拒這個連結，或是抗拒得多麼久，最終都還是會被引領到彼此身邊。

靈魂一旦找到自己的家，就不會忘記。

慢火細燉

雙生火焰永遠知道何時是進入彼此生命的最佳時機。

不論是在一段婚姻的結尾，或是經過幾年的自我療癒，這段愛似乎總會在該出現的時候現身，就算它有時會帶來不便或是挑戰。

我們身而為人，喜歡控制（或是至少活在自以為能掌控一切的假象中），不論是控制我們的人生，還是發生的一切。然而生命中有很多事其實就只是單純地發生而已。但這份愛因為最初讓人感覺如此輕鬆，我們往往會把它歸類成一段只是讓我們舒適自在的關係而已。

我們為它貼上一張標籤，接著繼續前進。這標籤有時寫著朋友——「我們只是朋友。」這句話我聽過很多人說。但是，就像沒有感覺便無法讓一段關係演變為一段感情，一旦出現更強烈的感受，我們也無法假裝這個連結「只是」一段友誼。

我們有時甚至不想為它貼上任何標籤，畢竟我們心碎過那麼多次。所以，我們捨棄貿然躁進，先以「朋友」開始，再看看這段關係會走向何方。我們並不知道，自己在這個過程中其實正在建構我們的「五大基礎」。

儘管肉體吸引力打從第一天就存在，但我們還是不太可能立即投入這段感情。不是因為沒感覺，而是這次我們可以接受任由事情順其自然進行。

安妮在一次週日早晨的慢跑中遇見她的雙生火焰，勞勃。她對這個連結的說法是：她很自然地就被這個男人吸引。一開始跟他的幾分鐘對話，就讓她感覺自己已經跟他聊了好多年。

即刻的感知是存在的。

他們隔週就一起去健行。我記得她說：「那時的感覺甚至就像我們已經在一起，而且好像一直都在一起。」他們的首次約會已經是好幾年前的事，但是他們倆仍然善用每分每秒的相處時間。他們曾經面臨挑戰，也都安然度過；沒有任何難關是他們過不了的，因為愛、接納與支持的力量一直如此強大。

安妮這回沒有躁進。她沒有在社群媒體將這段感情公告周知，或是要對方馬上確認彼此的關係。她跟他長談、放慢腳步，最終，她讓這段關係成為它注定成為的樣貌。

這個階段最終是要讓這份愛走進來，感受它有力的連結，然後由我們親自帶著這份知識進行反思。

跟雙生火焰繼續讓關係發展下去是至關重大的決定，因為它反映著我們至今經歷過的個人成長程度。就算我們有意放慢腳步，就算我們不想貿然地利用對方來讓自己完整，我們還是得有意識地做出保持連結的抉擇。我們得決定自己為此已經準備好了。

我們要在實際選擇了自己之後，才有辦法選擇自己的雙生火焰，也才能專注於這段連結所要求的旅程，信任地被引領到一個自己無法想像的方向；也才能真正選擇雙生火焰的愛。因為，出於同樣的律動頻率，他們能感受到我們的猶豫與遲疑。

跟我們的雙生火焰在一起，涉及的不只是一段愛情關係，還與生命相關。

為愛做好準備

為愛做好準備，意思是我們這次已準備好要以不同的方式來處理事情。

然而，不論有多少挑戰，不論距離、婚姻、或是其他社會差異將雙生火焰分開，他們總能找到方法相遇，因為當彼此出現在對方面前時，世界彷彿全都消失了。時間靜止，於是我們想到，美好的一切總無法以言語表達。

雙生火焰會經歷這整個旅程的許多階段，當中有些是美妙且驚天動地的，像是初次相遇或第一次相吻，有些則艱辛無比，因為我們就是希望對方能跟我們在一起，享受彼此，以及那份感覺幾乎來得太過容易的愛。

這段連結當中永遠注定會有「距離」。這距離有時是地理環境上的分隔，有的則是要了解兩人在能結合之前，還有許多療癒過程有待發生。然而感知是存在的。在這段旅程中，雙生火焰會相互指引，這個指引不會透過虐待或不健康的行為發生，而是透過幫助對方成為最佳的自己的真心願望。

這些距離通常也是這段雙生火焰連結中「你追我跑」的階段：雙生火焰其中一方、通常是男方，會因為出於恐懼而拋棄女性這方。他要不就是留在自己當下的關係中，然後忽視我們，不然就是藉由欺騙破壞這段關係。這二者無論是哪種都一樣，他就是拒絕這段連結，至少目前如此。

這樣的行為只是一個例子，說明雙生火焰感情跟業力激情會是何等相似，以及我們會如何找藉口，將業力之愛美化成是自己的雙生火焰。

因為雙生火焰雙方都曾經歷過療癒階段，所以無論如何都不會拋棄你。他們也許還沒準備好全心投入，因為還有靈魂的課題要修。但他們還是會把自己帶回自己的雙生火焰伴侶身邊。

為愛做好準備，意思是要為愛的「現實面」做好準備——不是只有準備好迎接美夢而已。

它的意思是，這份愛雖然來得出乎意料，我們還是需要努力讓它成為現實，或是重新調整人生，好讓這份愛到來。雙生火焰絕對不會強迫你接受實得的比你應得的更少，或是以自戀者的行為模式對待你，不論有意或無心——但是雙生火焰還是會改變你。

他們仍然能幫助你進行更深層的療癒。

在剛遇見她的雙生火焰之後，瑪莉亞帶著疑慮來找我：「如果這是我的雙生火焰，為什麼感覺沒有比較輕鬆？」她很困惑，因為對方要求她解釋她的行為，情況因而變得更糟糕。但是，幾經思考後，瑪莉亞終於能看出她的伴侶派崔克其實是在幫助歷經業力之愛後的她，進行更深層的療癒。

派崔克藉著提出質疑和要求她對她自己負責，協助著瑪莉亞的療癒過程。

在我們正視自己的永恆之愛，而且看見生命因此改變之前，我們都會輕易地認為自己已為永恆之愛做好準備。也許這正是尼可拉斯．史派克（Nicholas Sparks）在小說《手札情緣》（The Notebook）中的故事如此貼近事實的原因。故事中，諾亞對艾莉怒吼：「所以，這一點也不容易，它會非常艱辛。我們每天都得為它而努力。但是我想這麼做，因為我想要你。我要全部的你，直到永遠，你跟我，每一天。」史派克在這部浪漫愛情小說中，描述了兩人之間一份連時間都無法破壞的感情。然而這故事也闡明了，這份愛雖然來得容易，卻不表示其他一切亦然。

或許我們在這個階段學到的最大課題是：我們需要努力的也許不是那份愛，而是讓自己能走到得以享受那份愛的境界。

第二部

現實

我們到現在才知道何謂真愛

某件事一旦注定會成功，那就沒什麼能阻擋它了——就算我們自己也不行。

不論多麼憤世嫉俗，每個人還是會對愛懷抱夢想。不是只會說「我愛你」的那種感情，而是一種連結，一種真正實現個人夢想、重新燃起對愛的希望、在望著伴侶的眼睛時篤定地知道這世上再無他人能像這個人這樣愛著我們，能走進我們的人生，讓我們的生命運轉的連結。

這是一份在我們早已放棄希望後，還克服一切阻礙、持續證明自己的愛。

雙生火焰是真實的，是一份無視邏輯、甚至無視期待的連結，但這不表示一切都會輕輕鬆鬆，也不表示我們已準備好接受這段感情即將帶來的一切，或人生注定因此將轉變成的樣貌。

讓愛找到你

當我跟客戶談到這份連結時，我總形容那是一段因為每個人各自的成長與靈魂課題，因而自然產生的關係。雖然將我們吸引到這個人身邊的是彼此相同的律動頻率，但讓人想轉身逃跑、就算只是暫時，也正是這個同樣的感受。雙生火焰有一件最重要的事我們得了解，那就是這段關係不會偽裝、或看似任何一種我們有過的感情。沒有時程表、沒有需要遵循的規則、甚至不必追隨任何我們常在關係中會視為榜樣的里程碑。

這是一份純粹為愛而感受的愛。

雙生火焰動能的最終使命，就是要喚醒我們、幫助你我成為注定要成為的那個人。是的，就是要享受一段絕妙的伴侶關係與愛——不過我們還是要透過這個連結有所成長。當我們初次與雙生火焰相遇，它可能會看似完美的愛，一份彼此永遠不必歷經痛苦煎熬，甚至不會出現不贊同或爭執的愛。它的安排如此神聖，以至於我們無法想像自己會走到與對方分離，或是傷害他的地步。因為就算愛沒在一開始就說出口，它依然能被感覺到。

然而我們已學會，不論某件事如何美好，我們無法、也不再想讓它變成有違它本質的樣子。因此，就算相處已久，雙生火焰往往還是只想緩緩進展。

這是一份會來找你的愛，因為你已不再尋求愛——而且，也因為你已為愛做好準備。

你已決定將重心放在自己身上，享受自己人生的原貌；即便身邊目前沒有伴侶，生活仍然豐富充實。不過，這不等於對愛封閉，因為你已全然放開——你不再因為目前身邊沒伴而覺得自己不像個女人。

凱拉很滿意自己的單身生活。她已經從業力之愛所受的傷中復原，跟兒子的父親也建立起良好的界限，覺得自己正走在了解自己的路上。她將照顧自己列為第一順位，而且也注意置身感情中應該是什麼樣子——但是她無意再尋覓一段新感情。

她就是單純地不再在意自己的感情狀態。打從有印象開始，凱拉若不是在一段感情中，就是在擺脫一段感情，或是設法再走進另一段感情。

所以她決定了，就算這次已為愛做好準備，她還是沒打算要將重心放在愛情上。

接著，馬克出現了。他們過去曾經共事過幾次，但直到某次會議之前，她都沒感受到火花。突然間，兩人就是知道彼此是互相連結的。不過，他們採取隨緣的態度。雖然彼此的感情相當美好，目前卻是處於遠距離戀愛的狀態。

所以，凱拉或許覺得她已為愛做好準備，但她也讓愛走了進來。他們知道未來仍有諸多挑戰，就像他們知道彼此都有意住在同一個城市，而不是一國的兩端，但是他們沒有強求，他們不想躁進。

學習接收

想要某樣東西，跟展開雙臂和敞開心扉去接收它是不同的。

我們之前已習慣業力之愛裡的愛意轟炸和高低落差兩極的情緒，以至於我們根本忘了什麼是擁有一段真正健康的關係的意義。

現在需要重新建構我們對於關係的看法，放掉對於功能障礙的癮頭。

我們不但需要學會業力關係帶來的所有課題，也要付諸實行。我們必須能夠有意識地迎接自己的雙生火焰，以及他們帶來的穩定感與存在感。

從事國際貿易的伊瑪妮習慣成功的感覺，在專業領域上也相當自信與自在。她已經從被業力之愛拋棄引發的問題中痊癒，也準備好迎接一段新關係。

她無意追尋雙生火焰，但還是希望有一個能以她應得的方式對待她的男人——先前她從沒提及這個要求。她在我們的通話中提到崔佛，她在上週遠行中遇見的男人。

她很猶豫是否要立刻承認彼此間有情感與精神上的強烈連結，但她也無法否認。她十分訝異自己對崔佛的強烈感受，但還是很興奮自己能跟對方共處在這個過程中。

過沒多久，她打電話給我，語帶傷心。

伊瑪妮就跟許多女人一樣，都有接收與接納說自己想要什麼的困擾。她不知道該怎麼面對崔佛對她的關注和甜蜜攻勢，更重要的是，她不知道如何面對一段不混亂的關係！

雖然伊瑪妮認為自己值得一份美好的愛，但還是不確定該怎麼去接受。

她跟崔佛繼續彼此的關係，緩慢，但誠實——這是最重要的。在我們談過之後，伊瑪妮決定跟崔佛談談她的感受。事後證明這番談話的確是她需要的。她只是需要談談她的抗拒感，這樣就不會覺得自己在孤軍奮戰，而他也能了解她經歷過的一切。

溝通之後，她覺得自己更放得開，也更能接受了。

成長永遠都是目標

雖然我們在遇見雙生火焰之前已經成長許多，但它對我們的要求會多過之前的其他關係。選擇開誠布公、負責可靠、避開先前的模式或循環可不容易！

在這段旅程中，雙生火焰關係將會經歷許多不同階段。第一階段是覺醒，雙生火焰初次相遇，體驗到這份不論再怎麼努力也躲避不了的愛。突然間，我們就深陷其中，無法想像沒有對方的生活，這又讓我們開始害怕，因為之前所有說過會永遠在我們身邊的人最後都還是離開了。

在這之前，每當我們在伴侶耳畔說著天長地久，愛就消逝無蹤，從來沒能真正抵擋生命中無可避免的風雨。

當然，這也是因為大部分關係都是為了讓人從課題中成長，而不是真的要地久天長。然而當我們感受到雙生火焰出了名的強烈化學作用時，我們很難記住這個經驗。現在的這堂課就是，一段關係不但可以天長地久，而且也可以是讓我們猛烈成長的好工具。

在最初的覺醒與連結階段，我們不但開始在愛中與雙生火焰伴侶一起成長，彼此的靈魂也開始合而為一。雖然我們拒絕了真命天子的概念，因為我們靠自己就能感受到完整，但是當我們遇見自己的雙生火焰，感受到能量交換時，還是不禁會認為，先前的所有經歷，原來都是為了帶領我們來到這一刻。

這個過程中，我們不但會被要求要相信這份愛能長久，還要相信這份愛能在不傷害你我的狀態下幫助我們成長。我們要學習成長不是只有痛苦和淚水而已，它還有溝通和不求回報的愛。

這是一份讓其他的愛都顯得無關緊要的感情；也是一份讓我們了解之前為何不論跟誰都無法成功的愛。不過，它還是會挑戰我們對愛的信念，擊破我們為了舒適而仍緊抓手中的一切。

永恆之愛不會永遠都是一幅美麗的圖畫，也不會對我們甜言蜜語，或說些我們想聽的話。它不會讓自己侷限在那個框架裡，遵循各種規範。事實上，這份愛會不斷在各個層面挑戰我們，甚至挑戰這是不是愛。

這不是因為這段關係又是一場讓我們再度落入陷阱的心理遊戲，而是因為我們需要了解，就算彼此不在身邊，就算處於動盪、混亂、失望或傷心——不求回報的愛依然存在。

艾娃和我聯絡，因為她擔心自己越來越依賴她懷疑是她雙生火焰的基斯。她已經經歷過靈魂伴侶與業力之愛，現在努力要用不同的方式來處理感情。

基斯打從一開始就令人不可思議。他非常有耐心，而且在表達他對艾娃的喜愛與受艾娃吸引這方面毫無困難。他們會開長途車兜風，談著她從來沒對人提過的事情。他會挑戰艾娃的信念，不過是以一種導引她思考、而不是像她過去那樣會對自己產生懷疑的方式。由於進展實在太順利了，艾娃反而擔心她是不是又回到先前那種依附症的模式。

艾娃承認，以前每次分手後對交往對象總是難以忘懷。雖然現在跟基斯相戀，可是她擔心要是他離開了，她會因而毀滅。要是她再度心碎，她無法想像如何拾起那一片片破碎的心。

在我們談過之後，她了解到，這件事無關接受基斯這個好男人出現在她生命中，而是要承認他的挑戰引發的警訊其實對她有益。艾娃在這段關係中持續成長，並且探索她的獨立自主。當她能了解在一段關係中「害怕」未必是負面觀點，而是一個也許更能讓她成長的方式，她就等於學會了「需要有人陪伴是沒關係的」這個課題。

這份愛不僅觸發了你我，也幫助我們在這份為了自己和伴侶而存在、不求回報的愛中成長。

雙生火焰也會犯錯

我們說自己不會再將愛情浪漫化，說自己知道沒有哪段關係會完美，然而，當我們遭遇到雙生火焰帶來的第一次考驗，往往會開始質疑自己對愛情的所有認知。

雙生火焰關係的第二階段，就是遭遇考驗、彼此看似就是這段感情最大障礙的時候。這不是因為彼此不相愛，而是因為我們害怕、懷疑自己，而且還處在不知自己是否真值得這份愛的天人交戰中。雖然我們注定會懂得無需自我犧牲就能有信心，以及相信自己的感受與內在認知，但有時也得克服認為自己不值得、不應得到這份愛的心魔。

雙生火焰永遠不會完美無缺，但這段感情永遠值得。

妮琪和她的雙生火焰多年來一直分分合合。當她在這個階段中有了進步，她決定更愛自己，並且面對所有過往經歷；妮琪以她對雙生火焰之愛的經驗改變了自己。不論做了多少努力，對她的愛有多深，妮琪的雙生火焰都擺脫不了認為自己配不上她的感覺。他的考驗就是要克服自己過去的罪惡感，以及認為自己不夠好的感覺，如此一來才能跟妮琪在感情中共處。

雙生火焰關係中，永遠不會只有一方在處理自己的問題。當雙生火焰的一方在面對自我與自信問題時，另一方可能要面對自己的恐懼、脆弱，以及害怕遭到遺棄的問題。妮琪必須停止對雙生火焰伴侶會離開的擔憂，這不僅是因為她散發的律動頻率，也因為她還接受了其實自己無法接受的行為，只因為她害怕他會離開。

幾個月後，妮琪跟她的雙生火焰已經能夠更成熟地表達自己的恐懼，而且彼此也更加親密，真正接受對方給予的愛。

雖然每個雙生火焰都有自己有待處理的問題和待癒合的傷口，但這不表示其中一人頭戴光環，另一個卻沒有。雙生火焰必須在雙方得先讓自己擁有的微妙平衡中駕馭自我之愛，因為那會直接反映出我們能將什麼延伸給對方。

這個過程中，我們必須對自己擁有豐沛的愛，如此就無需再擔心被拋棄，這麼一來也讓自己有了在遭遇問題時能大膽面對、大聲說出的能力，而不是躡手躡腳地迴避問題。當我們受傷或害怕，我們必須誠實——必須有意識地說出自己在乎什麼，了解能讓感情雙方彼此更靠近的正是這些時刻。

這又回到這段連結的整體律動：雙生火焰因為彼此頻率相似，因而互相吸引。但任何時候要是一方因為內在的掙扎，而減弱或改變了頻率，那麼這個連結也會因此而有變化。

溝通是維持這個律動生命力的重要部分。

但就算在這個變化的階段，這份愛依然存在，有時程度之強甚至勝過其他時候。不是只以我們對靈魂伴侶的喜愛，或是對業力之愛著迷的方式，而是到達一種我們未曾感受過的深度。伴侶雙方都要接受這種不求回報的愛，明白不論做了什麼或發生什麼事，他們還是會被愛著。

知道對方無論如何都會陪著，可不是讓雙生火焰任一方可以行為乖張的通行證。相反地，他們認可這種不論在最好或最困頓的時刻，我們都同樣值得被愛的內在感受。

這個試煉階段儘管艱辛，卻也意味這對雙生火焰緊密連結著，即便這段連結不是傳統定義的感情關係（這對雙生火焰來說相當罕見）。然而，我們在這個階段不僅面對考驗，還能看到獎勵。而這獎勵就是我們會看見跟雙生火焰在一起會是什麼模樣。

雙生火焰關係是對我們的獎勵，原因不只是因為我們歷經了先前的愛情而有所成長，也因為我們仍堅守在這過程中，不論當中包含的苦與甘。

就是這份深植在心中的甜蜜，讓我們就算被這場試煉傷害、辜負或感到迷惘時，也總會回到這份愛身邊。這個人給我們的體諒與感受，是其他人未曾給過的。

臣服與信任

直到現在，我們才有機會全然臣服於一段關係，不僅相信對方，也信任這段關係本身。

我們開始相信注定要發生的事終會發生，所以無需催促，不需拖延，也不需耍手段或操弄。

我們開始相信，愛真能天長地久。

這段連結的最後階段是臣服與結合。我們歷經了最初的觸發與考驗，此時結合在一起，比過去更強大。但有別於過去的是，這次我們不躁進，不擔心醒來後這份愛就會棄我們而去。我們只需臣服，相信它。

大家會問我時程問題——每個階段需要多久時間？像是：如果第一階段需要一年，那麼第二階段是不是只要六個月，諸如此類。這是對雙生火焰最大的誤解之一：雙生火焰沒有時程表，你也不必預期。雙生火焰不僅不會遵循傳統的關係里程碑，像是約會、同居、訂立婚約，它也完全無視任何時間進程。

雙生火焰之愛因為永恆，所以如此。

我們常聽人說，要是對方過了六個月還是沒給我們承諾，那我們就該離開了。我們也常被朋友用各種像是「如果他想在一起，就會跟你在一起。」或是「他這樣哄你，只是想把你晾在一旁。」這類的迷因或短文轟炸。雖然這些話在交往過程或感情中有一定的可信度，但是我們不能真的套用到雙生火焰的連結上。

雖然其他的愛也是你我注定要經歷的靈魂接觸，但這份雙生火焰之愛卻是兩個許久之前原本相連、但後來失散的靈魂再次重逢的愛。

有兩種方式可用來說明時間。第一種是「Chrono—時辰」，就是按照時序先後排定的時間。這也是人類用來記測每日生活的時間：分、時、日、週、月、年。但雙生火焰不是用這種方式計算時間；他們是以「Kairos—時機」運作。時機是一種神聖的時程，一種相信每件事都會在它注定的時間點發生、不會提前一時半刻的信念。當然不能用這個做為向老闆解釋我們這個禮拜會遲到好幾次的藉口，但時機用在雙生火焰身上非常適合。

當我們提到雙生火焰的旅程，也等於是在談「ego—自我」在這段感情中的角色。我們不能完全無視自我，或認為那是個壞東西。自我之所以存在，是因為我們存在：當我們想到自己、我們在世上占有的位置、以及我們認為應得的一切，我們都需要「自我」。

自信與自我的關係非常緊密，儘管兩者有時會互相取代，但在理想的狀況下，自信與自我會共同合作，從不互相競爭，也不自我膨脹，更不會互相貶抑。在這個平衡中，我們清楚自己的價值，但不會自認為比別人優秀。健康的自我平衡是知道什麼是我們應得的，同時也明白他人或這世界應該從我們身上得到什麼。

雙生火焰的雙方在這個時期經歷的試煉並非無關緊要，也不是只為了看看我們是否已放下業力之愛；這些試煉其實已深植在我們自我的健康發展中。在靈魂伴侶或業力之愛的關係中，就算本身已經一團糟，我們還是能振作起來。因為，說實話，這樣糟糕的時刻我們都有過。但這個方法對我們的雙生火焰是行不通的。

你唯有真正療癒、成長、並且願意承諾永恆，才能進入雙生火焰關係。

我們常忘記，永恆之愛跟傳統的感情關係並不一樣。早在和雙生火焰伴侶同住之前，早在擁有任何形式的承諾之前，我們就已感受到這份永恆之愛。我們懂得了，承諾永恆的並非那只美麗的鑽戒，或宣布彼此共結連理的那紙婚約，而是那種不論我們多麼努力，依然揮之不去的真實感覺。

它是一份排除萬難、持續出現的愛；它是形塑雙生火焰樣貌的魔法。在很多方面，它是一種在我們傷得那麼重之後，還能讓這份愛感覺如此不可思議的可能性。

史黛拉對愛情無疑有無限的狂熱。她跟我共事多年了，她就算在最慘的時候還是會說：「可是我依然相信啊！我不但相信永恆，也相信這世上會有一個人是為了而我存在。」史黛拉心碎的次數多到我都記不得，不過她總是能立刻重新振作，相信她的雙生火焰就要出現了。

然而當她終於找到她的雙生火焰之後，我卻十分訝異——因為她不想要了。

史黛拉在一次夏季課程中遇見安東尼，隨後兩人感情進展神速；這有時確實可能會發生在雙生火焰身上。他們對彼此開誠布公，勤於溝通，而且還計畫一趟秋天的海外之旅。他們一見如故，史黛拉知道安東尼就是那個人——「她的龍蝦」，她這麼叫他，因為龍蝦是一種終身單一配偶的生物。

可是當安東尼突然因為工作要被外派六個月時，史黛拉退縮了。

我還記得她痛哭失聲說：「夠了。我們結束了！這段感情能夠繼續當然很好，可是我做不到，我也不會這麼做。」對她來說，在經歷一連串的浪漫過程之後，她無法想像自己得處於一段遠距離的關係。然而，我們有時就是得學會，儘管不願意經歷某些事情，也不代表就能夠不必走那一遭。那天晚上，我跟她談了許多關於臣服與信任的細節。我告訴她：「試一下有什麼損失？相信就像他說的，這樣沒問題？如果你已經下定決心要心碎，那麼現在就心碎或六個月後才心碎，有什麼差別？」她不情願地同意了，屈服於眼前的形勢，並且在相隔兩地的過程中相信安東尼。

這個過程並不容易，史黛拉甚至幾度想舉白旗投降——不過她終究沒這麼做。

他們剛剛慶祝了兩人初次約會的兩周年紀念，而且這段關係也比他們以為的更快樂也更滿意。他們倆都學到一件事，那就是「臣服與信任」不是單一事件的處理方式，而是他們在這段感情關係中必須持續練習的事。如此不僅會讓連結更穩固，也能在將來面對可能出現的狀況時更為平靜。

回顧自己的愛情旅程，我們會發現，愛越是濃烈，受傷的機會也就越高，因為這個一生只有一次的愛若是沒有讓我們為之臣服的能力，那我們也就無法感受到它帶來的獎勵。儘管感覺跟其他的感情不同，這份愛還是需要我們給自己一個真實的承諾，如此一來，它才能真正地停留、現身，或是去做這段連結要求我們的事，不論那有多困難。

這就是為什麼我們說，有些愛能克服重重阻礙，所向披靡，就連我們自己也阻擋不了；因為逃避我們的雙生火焰，其實就是在逃避我們自己。

這次，真的能放心去信任，放心為愛拆掉我們築起的高牆。

第三部

課題

愛若為真，就永遠不會結束

愛唯有隨著時間的軌跡、歷經無數阻礙、挑戰、甚至傷痛後，才會顯現出它的真實面貌。幾個月或一年後，說出「我會永遠愛你。」很容易，但在我們有合理的理由關閉、鎖上，甚至把鑰匙給丟了之後還能持續這麼做，就是另一回事了。愛若為真，就永遠不會結束，不會動搖，當然也永遠不會失敗。

但愛不會失敗，不表示身為人類的我們也不會失敗。

雙生火焰不僅不可思議，還堅不可摧：可是因為我們之前已經歷過無數次心碎，我們得為自己去學習這份愛，這也是我們唯一能隨時間見到的成果。這份愛看到，不論有多少不順心的日子，不論我們會如何退縮到自我破壞或受傷，不論我們的疑慮多深——愛都從未放棄。這是一份我們得先「進入狀況」的愛，了解不僅這份愛不會離開，那個人亦然。

現在我們已經懂得，愛不會如你我期待那樣漂漂亮亮地出現，它不會符合家人或我們為自己構築的夢想，也不會要我們拋棄真實的自己好讓它成功——但是愛一定會出現。雙生火焰之所以稱為永恆之愛，是因為沒有任何事物能摧毀或帶走它。它是一份一直都在的愛，是必須走過長遠的路程之後才能真正領悟的愛。

在這份愛的真實階段，我們會彼此傷害。不同點在於，雙生火焰很清楚該在哪裡下手；他們知道得讓哪些傷口流血，才能幫助我們成長。雙生火焰會是我們的鏡子，即便我們希望他們不是。我們也正是在這個階段才開始明白，愛也許是某個比我們之前所想像更偉大的東西。

愛很神奇，它也許是最接近真實魔法的東西。然而，那些火花與連結帶給我們的感受，並不意味我們無需為愛努力或全心投入。愛很神奇，因為我們竭盡心力讓它變成這個樣子：因為我們療癒了，而且帶來我們對於自己以及在愛裡相信為真的所有東西。

那些就包括所有我們對於何謂承諾、我們是誰，以及愛對我們有何意義的信念。

定義自己的永恆

有時，我們就是得決定去做感覺對自己是「正確」的事。

許多人不論教育程度多高，仍舊是以傳統思維在夢想愛情，即便是在人生的這個階段。我們聽到「永恆」就聯想到白色婚紗、婚戒，以及夕陽下的婚禮，也想到繡有姓名縮寫的毛巾和雙人洗手台。就算經歷過每件事，了解這個人，也知道雙生火焰不會離開，但我們還是難以避免地陷入對永恆之愛的傳統觀念。

雙生火焰之愛的課題，就是要揚棄對於「什麼是永恆的愛」的想法。它是要讓我們徹底斷開過去的陋規，將這份愛視為是兩個靈魂之間閃爍發光的連結。

一旦有機會這麼做，我們可能會看到，愛未必會如我們先前的想像。

傳統的示愛方式已與現代社會相去甚遠，必須強迫自己塞進一體適用的愛，才能得到伴侶與快樂的觀念，也跟現代社會徹底脫節。但這並不容易。不容易，因為每當我們在超市等結帳時，就會被身邊雜誌的夢幻婚禮照片轟炸；不容易，因為我們一直都被設定成要認為永恆就意味著傳統。也許我們已放棄選擇符合社會期望的伴侶，但是我們現在得思考，永恆對我們的真正意義是什麼。

雙生火焰才不管你什麼文化規範呢！

克勞蒂亞和雷互為雙生火焰，他們一起來找我，因為他們不知道下一步該怎麼走。他們在人生較晚期找到了彼此，並且在佛蒙特合力創辦了一所全人教育學校。他們在當地不僅重新結合了各自之前的家庭，也做著認為是天命召喚他們去做的事。這是他們認為能將他們的愛和這世界分享的方式。

然而他們卻為了如何定義「在一起」而苦惱。

他們之前都有過婚姻，也不想再辦傳統的婚禮儀式，但什麼都不做似乎也有點不對勁。他們想用一種適合他們倆的方式，慶祝彼此經歷過、讓他們擁有現在這一切的旅程與過程。

我們討論了好幾個月，直到他們終於決定舉辦一場由兩人的子女「嫁娶」他們的婚禮儀式。那是一場在山丘上的夏末戶外婚禮。克勞蒂亞身穿紫羅蘭色的婚紗，他們的子女要求他們兩人不能只愛對方，也要愛他們，雙方的家人也共同出席。

當我們細究，會懂得能承諾永恆的不是一張紙，也不是一只婚戒，或夜夜同床共眠。永恆之愛一直都在，因為它不會是其它事物，因為我們知道，這世上儘管有無數人存在，但唯有一個能以我們不願、甚至無法失去的人的姿態，出現在我們面前。

這種自成一格的情況常會是一種可怕的見解，尤其是我們到處都能聽到有人隨口就說：「**沒有你，我就無法活下去**。」。不過，要是我們把「**無法**」換成「**不願**」呢？要是我們理解，在一起不僅讓我們彼此變得更好，也讓我們的生命變得更好呢？

我們都需要有個人

接受「我們都想有個特別的人陪伴」的想法，不僅是了解自己是誰，也是了解自己想從伴侶身上得到什麼。然而要擁有如此體認，得先通過重重關卡。

也許除了在徹底心碎之前有過的靈魂伴侶之愛以外，我們變得害怕說出：「我需要你。」某個特別的人在身邊會令我更快樂——這不論是要說出口，或光只是想到，都令我們猶豫。我們總是心不甘情不願地說：「我想你，我們好久沒見了。」因為世事難料，我們因而變得恐懼。我們不想被視為惡名昭彰的「高需求」女孩或是男孩，而且，當然了，「不需要任何人」已經變成最新的流行語。

「我不需要你，但我想要你。」這整個概念已被斷章取義，脫離原意了。

若要真正理解「這份愛即是永恆之愛」，以及接受「這個人不會離開我們」的想法，我們也得向愛人承認我們需要他們。我們必須將這件事視為覺醒，而非軟弱；最重要的是，我們必須理解，需要某人並不代表自己比較弱勢。

需要某人表示他們滿足了我們某一部分的生命，而那是其他人做不到的。需要某人，代表他們帶來其他人無法提供的協助。那可能是實質的幫助，例如生活上的協助。但就雙生火焰而言，那也可能是他們給了我們未曾從其他人那兒得到過的理解。那感覺就像是他們在導正我們別偏離正軌，或是我們跟他們在一起時更像自己。

這正是我們為何在現實階段會需要這些試煉與傷害。因為絕對不會離開的第三段愛雖然可能很快就會出現，但在懂得他們會為我們的生命帶來什麼之前，我們往往需要踽踽獨行。

如果無法認清、承認我們需要某個人，我們就無法真正投入任何感情關係。

如同我跟客戶說的，我們不是誕生到這世上後就被丟著，孤獨地自生自滅。不論生理或心理上，我們都需要父母與兄姊的照顧，才能存活與成長；我們需要朋友、手足、甚至同事，跟我們談天、產生共鳴，感覺到有人在支持；我們甚至需要雇主或顧客，讓我們的事業能夠發展，帶來經濟上的穩定；我們需要技工替我們修車；需要人群，因為沒有人注定要全然孤獨度過一生——先不管這是否有時也是一種選項。

儘管這些道理就擺在眼前，要說出我們需要我們的伴侶，還是挺可怕的。這是我的親身體驗。在內心受傷過無數次之後，我變得不願說出我需要有人陪伴，甚至還穿上盔甲化身為超級獨立的女戰士。我是第一個提出「我不需要你，但我想要你」的人，直到我開始思考這句話的涵義，以及我是否真的誠實面對了自己？

這也是觀念上的轉變。數十年前的女性需要男性的經濟支持——但這情況迅速有了改變。我們再也無需像傳統觀念中那樣接受供養，因此，在客觀理智的層面上，「需要一個伴侶」的意義也變了。

對我而言，這判斷點在於那是否是我無法供給自己的事物。我是否需要一個男人為我負擔下一趟旅行的費用？不需要。可是在一天過後，我需要一個人緊緊擁抱我嗎？需要。我需要一個男人在我的生命中支持我的夢想，成為我的守護者嗎？需要。

我發現我還是可以保持獨立，也依然是那個狂野女戰士，然而我同時也需要有個人可以分享我的人生。

這聽起來像是我們還是需要依賴他們，但這其實不過是承認他們為我們的生命帶來的價值而已。這是在承認我們雖然要對自己的快樂和自我感負責，但是有他們在身邊，我們的確比較開朗。

說我們需要愛、我們的雙生火焰，就是在說：「對，我很棒，我的生活很精彩，不過你也讓這些變得更美好了。」；就是在說：「對，我覺得很圓滿，就像你也這麼覺得。不過，若是跟我們各自和一個不能理解、也無法啟發我們的人在一起相比，我們因為結合而更強大、更快樂、也更有成就感了。」

需要某個人並沒關係；既想要、也需要我們的愛人、我們的雙生火焰也沒關係。這不會讓我們變得軟弱，不會讓我們顯得幼稚。事實上，正如我跟客戶說的，如果我們不需要這個愛人，那他們一開始又何必出現在我們的生命中？這世上雖然有數十億人，卻不會有數十億人與我們產生連結——我們可以感受到兩個許久之前就相識的靈魂碰撞、聚合所激盪出的反應。

人是無法互相替換的。因此，一旦遇到我們覺得生命中就是需要有他的那個人，不論原因為何，都沒有關係。

沒有哪一段愛是最好的

每件事都是一個循環，每件事也都跟先前的課題相關。

我們要到受了傷，承認需要某人，緊緊抓住自身價值，真正懂得不能隨便找個人塞進配偶或男友的角色，再假裝這段感情令人滿足或充滿意義之後，才能領悟永恆之愛。我們在人生中常有一個錯誤觀念，認為某段感情比另一段更好。我們說靈魂伴侶之愛很好，但雙生火焰之愛才是最好的；我們認為，永恆之愛就是比持續不過幾個月的愛更好。

其實，沒有哪段愛比另一段優秀，因為愛不能以這種方式量化。我們說：「我愛你那麼多。」但是，「多」就代表數量，而我們感受到的愛並無法以數量衡量。我們說一段愛比另一段更好，因為這是一種以更簡單的方式表達自己覺得更滿足、更開心、更有成就感、更平靜、甚至性愛更美妙的舉動。然而這些並不表示一段愛好過另一段，當然也不表示某個愛人好過另一個。

雙生火焰應該要教導彼此關於他們自己的一切。我們應該喚醒彼此成為更好的人，更有自覺和意識，而且誠實面對自己的欲求與需求。所以，有時我們說這感覺就是最棒的愛，其實真正想表達的，是我們在當中感受到最好的自己。這是感覺最適合的愛，即便我們之前沒考慮接受這份愛。

這是讓我有所啟發的愛，一份挑戰我、讓我成長，而且誠實面對自己的愛；它不允許我重蹈覆轍，渾渾噩噩度日，讓我想做得更好，也變得更好——因此，當我們認為這份愛比較好，其實是因為它幫助我們為自己變得更好了。

當你覺得自己已變成最佳的你，那感覺就像是撥雲見日，從困於侷限的模式中醒來。你開始看得更清楚——不只是愛，不只是這世界——而是最重要的，你自己。甦醒過來，成為最佳的自己，就像是突然看清原來我們一直背負著別人想法的包袱，因而原地踏步，限制了自己。

我們築起高牆，將我們認為的自己、我們應得的、我們的能力，甚至該如何去愛全都阻隔開來，只因我們是以別人的眼光看待自己。

雙生火焰如此特別，因為你終於能真正看見自己，看見自身的優點和仍然有待成長之處。你不是透過父母、朋友或社會的眼光在看，而是終於看見自己的本質：那個在吸收他人的疑慮與信念之前，天生就該成為的你。

蘇菲亞和我聯絡時，她已經歷過所有的愛，而且和她的雙生火焰菲力普同居。她對這三段愛的旅程的真正意涵已自有看法，但還想尋求更好的闡述，才能知道該和菲力普將這段關係帶往何方。

療程開始時，她形容她的初戀靈魂伴侶是個好人，不過這段關係最終還是相當難堪；而第二段的業力伴侶則是糟透了。我要她敘述一下，是什麼原因讓她用這些負面形容詞形容這兩段關係。她說，因為這些經驗令人不愉快。我問她：「這表示菲力普有『比較好』嗎？或者只是比較健康、比較一致？」

在她停頓之際，我向她解釋，在自然界，在這個神聖的世界，萬物都有相對的正面與負面，這取決於我們看待事情的觀點，而後我們才能稱它是好或壞。我甚至問她：「所有和你的靈魂伴侶或業力之愛相關的事都很不好嗎？這當中沒有任何快樂的時光或美好回憶？」「當然沒有！」她這麼回答。

於是我指出她跟菲力普的這段關係未必真的比較好——而是因為她改變了她體驗愛情的方式。

到最後，我們明白了，沒有哪份愛才是最好的。每段愛都注定要發生，不論是只愛過三次，還是交往過的人多到自己都記不得。我們學到了，因為過往經歷的累世，我們只有在「這一刻」是自己。正是我們的雙生火焰、永恆之愛，啟發我們成為最好的自己，幫助我們療癒，也讓我們知道愛到底是什麼。

正是這份連結拆掉了那面揮之不去的高牆，或錯誤的意識形態，讓我們得以回歸本質；於是我們懂得，在這個階段，我們不只需要他們，還需要他們幫助我們蛻變成為最好的自己。

永恆之愛不是從此幸福快樂

我們沒有一定要跟雙生火焰結婚。

我們甚至無需跟對方持有任何傳統、保守的感情形式。但我們確實需要他們來讓我們展現最好的自己，持續成長精進，過著確實符合我們身邊所見，那些標注「#」的最好生活。我們需要雙生火焰讓我們變得負責可靠、激發我們、讓我們不要便宜行事或為自己找藉口。

不論稱他們雙生火焰與否，都改變不了這是我們的第三段愛情，也持續鼓勵我們永遠要對自己有愛的事實。

在電影《樂來越愛你》（La La Land）中，萊恩．葛斯林（Ryan Gosling）飾演的賽巴斯汀是個有理想、有抱負的爵士音樂家，而艾瑪．史東（Emma Stone）飾演的蜜雅則是四處碰壁的女演員。在這部緩慢升溫的愛情電影中，他們不斷湊在一起，然而真正相戀後，兩人才發現愛情不是萬靈丹。

雖然最初彼此是因為互相分享夢想與野心而結合，但他們很快就發現，愛情要活在現實裡，他們需要的不只是彼此而已。當他們只選擇事業，生命就會不斷為兩人帶來阻礙，他們需要繼續選擇彼此，才能讓愛持續下去。但是選擇另一個人代表得先認識自己，而且知道完美的愛並不存在；然而還是有一種愛，它永不放棄。如同塞巴斯汀所言：「它是衝突、它是妥協、它是……它每次都不一樣。」在許多面向上，這句話正為雙生火焰和通往永恆之愛的這段旅程做了完美的總結。

因為我們會有衝突，跟愛人或跟自己的衝突，所以我們必須讓步——不過，當中還是有永不枯竭、充滿新意的感受，那令我們願意相信愛情的感受。

那份魔力。

這份永恆之愛絕非只是從此幸福快樂而已。它也和理解、學習、選擇一個用我們深愛自己的方式愛著我們的人有關。我們給自己的這份愛，也許是在百萬年前初次被靈魂伴侶傷透心時就開始了。人生的走向或許有別於我們的期待，畢竟我們先前仍未看清這一點，一旦必須看清楚，這份我們給自己的愛也就開始了。

發展自我之愛是一段旅程，就像在學習對他人投以不求回報之愛的所有細節。為了能將這份愛帶給伴侶、我們的雙生火焰——我們得先給自己這份愛。

有人會說這說法狗屁不通，才不相信人要先愛自己才會被愛（翻白眼）。「被愛」跟「以健康的方式被愛」是不同的。短暫的浪漫之愛，跟那種對方只要望進你的眼睛，就能明白你的感受的愛不一樣；而需要你付出才能得到的愛，跟無需開口就會出現在面前的愛更是大大不同。

所以，你不必先愛自己才會有人愛你，但在遇見第三段愛情之前，你得先對自己有愛，否則，在缺乏對自己深層認識的狀態下，你會不斷跟渣男交往，繼而不斷心碎。

找到真正的雙生火焰祕訣在於：學會如何無條件地對自己有愛。

這是一個有時要花上數年、甚至一輩子的旅程。它是尚未現出真貌的自我，是我們還沒被灌輸應該這樣或不能那樣的狗屁之前的狀態；它是拋棄那些我們自小就開始內化的身體印象語言。學習如何真正對自己有愛，就是了解來自另一個人的愛絕對無法決定我們的意義與價值；它是明白我們也許需要某個人，但不需要由他來定義我們。填補我們的心中空白，為我們的不安全感戴上面具，不是這個人的責任；甚至連用力地愛我們，讓你我缺乏自我之愛的情況不再，也不是他們應盡的義務。

隨著這段旅程的經歷，我們領悟到了，自己在尋覓的原來不是最好的愛或最棒的感情——其實，我們是在追尋最好的自己。

這不表示所有的前任都不夠愛我們，而是我們不夠愛自己。不夠愛自己，因此所有毀滅徵兆出現時，我們還是沒有離開；不夠愛自己，所以我們無法避開「愛無能」先生；不夠愛自己，所以堅持不了自己應得的一切。所以，我們選擇了教訓，選擇了痛苦與混亂。就算在第三段愛情的試煉階段，我們依然要學會毫無保留地愛著自己。

為了無需從別人身上尋求肯定，為了對自己和追尋的一切有信心，為了能為自己發聲，了解無論誰會來、誰又會離開——只要真正擁有那份給自己的愛，我們就依然被愛著。

但是我們得經歷我們做過的一切，才能到達這個境地，如果你發現自己還在過程中——這樣很好。這樣很好，因為你還在這趟旅程中，沒有投機取巧，沒有因為今晚想感受他人的體溫，就隨便找個人陪，一個無法幫助你成長的人。這樣很好，因為你漸漸懂得沒有哪段愛才是最好的——不過，有一段愛，只有那麼一段，能幫助你成為更好的自己。

選擇伴侶是基於人對自我的感覺，這麼說也許太過簡化。但我們選擇愛人也是因為對自己「想要」有何感覺。這可是大大的不同。對許多人來說，在早期的愛情旅程中，我們選擇靈魂伴侶與業力激情，因為他們延續了我們未癒合的傷口，滿足了我們的上癮症狀。他們延伸了我們從小被教育到大的觀念，也反映了我們在那當下的心理及情感狀態。

只是，在經歷這些階段之後，我們改變了，成長了——或是還在成長中——我們不再需要因為兒時父親的離開，而跟一個會躲著我們的男人交往；不需要跟一個和母親相似，又對我們沒有信心的女人交往；更不需要因為害怕孤單死去時身邊只有自己養的貓，就帶個酒保回家（即便他很可口）。

貼心又有創意的珍對自己的雙生火焰關係相當困惑，因而跟我聯絡。我在初次談話中得知，她跟她的雙生火焰在數年前相遇，兩人意識到互為雙生火焰，但當時各自的狀況使得他們無法在一起。

他們擁有一段「非關係」的感情：在一起，但不是肉體上的，既因為各自的旅程，也因為兩人分處不同的國家。他們承諾，只要覺得不困擾，各自就不會跟其他人有肉體上的親密關係。他們常通話聯繫，每隔幾個月就會去探望對方。

但是珍開始覺得煩躁，因為她對一個定期會跟她一起衝浪的人有興趣。她打電話給我，因為她覺得自己已經到臨界點了。她應該信守跟伴侶的承諾，還是該和可愛的衝浪客一起探索新世界？我們談了關於伴侶與循環。她說，要是早個兩年，她早就把這個衝浪客帶回家，什麼都不管了。如果真是這樣，那麼這段對話談的就會是另一個循環了。

談過幾次之後，珍坦承她厭倦了這種遠距離的感情，而且想要雙生火焰給她更好的承諾，因為她確實在乎他。所以，珍沒有跟可愛的衝浪客上床，而是跟雙生火焰長談，兩人因此訂定了一個計劃。

就這樣，珍打破自己原本一旦遇到棘手狀況就會離開的循環，因為她跟雙生火焰伴侶的連結值得她走上自我精進之途。

這就是雙生火焰伴侶在幫助彼此成長上與其它感情不同的地方。

唯有當我們跟雙生火焰產生關聯，感受到對無條件之愛的自我覺醒，才有能力選擇一個能將這些愛反射到我們身上的伴侶。雖然這和先前那些關於自我價值和什麼是我們應得的課題很相似，但它是建構自我之愛的最後一塊磚——因為我們只能從另一個人身上，接受我們已給予自己的愛。

一旦我們給了自己無條件的愛，一旦明白在除去所有伴侶、一切恐懼、不安全感或寂寞之後，我們是誰——唯有面對心魔，而且因為心魔而讓自己益發強大——我們才得以接受來自雙生伴侶的無條件之愛。然而，一旦我們到達這個境地，需要我們的雙生火焰，承認對方及我們自己為生命帶來的價值，也就創造出了全然不同的動力。

這是理解，雖然沒有哪份愛才是最好的，但也不是所有愛都有助我們成為最好的自己。當我們說某段特定的愛是最好的，其實是在表達這份愛讓我們覺得能成為最好的自己。我們選擇的這些人、這些伴侶關係、這些感情，若非讓我們的傷口繼續淌血，不然就是幫助我們療癒、精進。我們選擇的對象若非延續一段舊有的循環，不然就是開展一段新的循環。

沒有人一來到世上就知道如何對自己有愛，或是了解何謂選擇一段健康的關係。也許不是每個人都會認為健康的關係最重要，但如今越來越多人不僅有此意識，也更渴望建構一段健康的關係。

有意識的選擇

我們還是需要「選擇」我們的雙生火焰。

雙生火焰有趣的動力在於，雖然我們沒有、也無法特定選擇誰成為第三段愛情，但這還是一份得選擇去接受的愛，因為這是一段自我的旅程。我們之所以相遇，是因為我們對自己的個人課題有所承諾；雖然愛著雙生火焰，但我們可能仍處在那個經常連絡的偽感情狀態當中——我們要在選擇了自己之後，才有辦法真正選擇他們。

當我們知道自己需要、欲求、想要，甚至無法讓步的是什麼，能藉著它、圍繞它、徹底了解它來愛自己時，那時，也只有到那時，我們才能看到雙生火焰的價值，同時也才能選擇接受。這份愛當中似乎有魔力、巧妙的時機和化學作用——這份愛卻也真實無比。這份愛如此真實，真實到我們必須認真看待自己，才能看著我們的雙生火焰。

這是一份會持續挑戰你我，同時也會狂放地愛著我們的感情。

這種挑戰有個重要之處，那就是當中的支持性成長。再次重申，這個情況雖然主要發生在這段旅程的早期，但實際上也會永遠持續，程度或許不像初期那樣，因為有一個可靠的人一直都在那兒，他不會說你想聽的話——而是會告訴你你需要聽的。

沒有雙生火焰，我們就無法以相同的方式成長，因為我們會對最需要注意的地方依然盲目。我們在生命中看到的是肉身的自己，而在雙生火焰關係中看見的，是情緒上的自己，以及只能靠自己去療癒的心傷——不是因為我們不需要另一個人，而是因為沒有人能代替我們修完這個功課。

沒有遇上挑戰和反彈，我們就無法成長。雙生火焰映照出我們預設的行為、所受的調教，以及所有的自我設限——尤其是那些需要撐過去、需要學習之處。挑戰和反彈不僅是為了讓人能真正地成長，也是為了讓人精進成最好的自己。各種困難阻止我們毫無保留地對自己有愛，也阻礙我們接受另一個人的感情。雙生火焰會無條件地愛你，但也會告訴你：「這是你捅出的簍子，因為我愛你，所以我不會替你粉飾太平，也不會讓你逃避。這是在幫助你成為最好的你，即便這個成長必須出現在這份愛或這段關係之前。」

這意味在我們修著我們的功課，他們也在修他們的之際，有時我們需要隔著一段距離，從遠處愛著雙生火焰，就像珍和她的伴侶那樣。這表示我們需要暫時放他們離開，或直接向這段旅程投降，相信這個過程。這甚至意味他們在那些時刻也許還沒準備好選擇我們，因為他們還在學習如何選擇自己。

分享的愛完全不是取決於那些。

它不只是剷除車道上的雪、送我們巧克力、或是在月光下親吻我們溫暖的肌膚。這種愛超越了肉體之愛，成為精神之愛。第三段愛情不說「我愛你，只要……」，而是「無論如何，我都愛你。」

要能這樣去愛，不僅應該對這段連結有無比的信任與信心，對自己亦然。在我的雙生火焰旅程中，我在某個時間點意識到，原來我竟處在這樣的境地。我根本嚇壞了，而且痛苦不堪，因為我不想離開他，也不願離開這份愛，甚至想一直守候在他身邊，就像一貫以來的那樣。然而我們有時會知道注定得分開一段時間——不是因為放棄對方，而是因為我們心裡明白，他們的課題只能由他們去修，而不是跟我們一起，正如我們也只能獨自修完我們的課題。

這個階段跟逃離階段或試煉階段有很大的不同，通常會發生在象徵性的連結出現一段時間之後。我們會理解，儘管跟雙生火焰在一起讓我們成長許多，但我們的課題還是得獨力完成。我曾經對著電話那頭的雙生火焰伴侶大聲哭說，我真希望自己能幫助他度過他的所有遭遇，但我認為不應該這麼做。這想法讓我嚇壞了，因為我愛他，確實也想幫他，然而我還是跟他保持距離。在那當下，展現我對他的愛的最佳方法，就是放手讓他離開，讓他獨力體驗他的人生，以他的力量去成長，為自己覺醒。這不是因為這份愛不會長久，而是因為愛最艱難的試煉有時就是放手，相信如果／只要注定會在一起，那我們就一定會在一起。

我曾經和一些誤將雙生火焰視為不過是另一段業力之愛的客戶合作。誤認，不是因為那個人的確是業力之愛，而是因為他們還在尋找答案，還在試著為這段關係分類。這麼一來，這段感情就會因為它本身的困難度而被拋下。

我認識譚雅時，她跟她的雙生火焰在一起已經五年了。他們的感情在這期間逐漸增溫，整體來說感覺非常自在——雖然他們各有各的挑戰需要克服。譚雅雖然希望這段感情能天長地久，卻也感覺到自己已經走到愛情旅途的終點。

此時尼克的行為卻開始出現異狀。他不知道自己還能為這段感情有何貢獻，於是有了不確定感，也擔心再也不知道自己是誰，或他的熱情是為了什麼而存在。在這個艱困的時刻，他開始跟前任一起追求夢想，切斷了跟譚雅的關係。他告訴她：「跟茱莉在一起的我才是最棒的我，而不是跟你。我可以跟你當朋友，但最多也就這樣。」

譚雅傷心欲絕。雖然她深愛尼克，但她很清楚她不能跟他當朋友，因為這樣她會無法往前走。她認為尼克是和她有所連結的對象，儘管跟她之前想像的截然不同。她完全接受這個人：毫無保留地愛他，不論彼此之間經歷過什麼。

事情發生之後，譚雅在我們的談話中只想把他視為另一段業力之愛。她告訴我，她覺得，到最後尼克似乎只是循環中出現的另一個狀況，因為她還沒明白什麼是她注定要得到的。她想藉著為他和這段關係貼上「傷痛伴侶」的標籤，好把事情做個了結。譚雅確信這個標籤真實地形容了他們倆的羈絆。傷痛伴侶跟業力之愛相似，在這段關係就突顯出還有待癒合的傷疤。但是傷痛伴侶通常會被發現，如此我們就能永遠逃避我們的成長需求，最終留著一直未癒合的傷。

雖然上述的傷痛可能因人而異，但很可能與被遺棄感、自我價值、與情感可獲得度綁在一起。我們跟傷痛伴侶在一起，因為我們在無意識間「享受」著受傷的痛苦感——

這是一種熟悉的感覺，而且離開傷痛伴侶就表示我們得放掉自視為受害者的想法。

但是譚雅還是無法將這個標籤或其他問題，歸咎到她跟尼克的關係。因為他們有深厚的精神連結，她沒辦法就這樣將尼克歸類為業力之愛；她也無法把他貶成是個自戀者，因為他不可思議地善良。

所以，在不解發生這一切的目的，也無法釐清的情況下，譚雅試著放下。她花時間療癒自己，而後決定重返愛情，不過毫無結果。沒有人願意和她一起追求成長，大多只是隨興的約會而已，她也沒跟任何人有肉體上的親密接觸。

分手一年後，尼克回來了。

他帶著歉意回來，也提出了解釋與計畫——不是只為他自己的未來，而是為了那個他仍希望跟譚雅共同擁有的未來。尼克告訴她，如今他知道當初為何會回去找讓他有安全感的前任。因為那段關係雖然不是他要的，但能帶給他舒適感。在他離開譚雅的這段期間，他明白他還有自己待修的課題：關於他的自信、關於愛，關於自我價值的傷口。

他們這次把腳步放慢，換個方式面對事情，表達需求也更坦誠。而且，因爲彼此都不想再分開了，他們確信那次分離的使命就是要提供他們更強大的療癒力量。

時間是確認你們擁有的是何種連結的最正確指標。因為就算是雙生火焰，也有選擇錯誤的時候。有時，永恆之愛就是需要繞點路。在這些情況中，它跟自我犧牲或是修補某人無關；它無關單純接受那些提供給我們的，而是堅持我們的界限，以及知道什麼是我們應得的。

它是關於我們在那一刻對現實的接受度。

跟我們的雙生火焰，我們不能搞砸。我們不能失去注定要相守此生的人，所以在覺得自己的世界一團亂、毫無頭緒可言的那些時刻，我們唯一能做的就是繼續活著。請信任宇宙，相信就算此刻參透不了，萬事萬物的發生仍有其道理——包括我們會在何時分離。我們在別的連結中也絕對能有所成長，然而在雙生火焰的連結裡，卻有一種強度與深度，而那可不是任何人都能滿足我們的。

這不是那種一體適用的愛。

我們不光只是學會臣服於這份愛，而是學會接收它——接納它。不是因為我們需要它來補足我們所缺的，而是因為我們了解從一開始就沒有任何缺乏。唯一的障礙就是我們為自己設下的障礙。

那個人

有時，我們會發現，一直在尋覓的那個人，其實是自己。

就是這份愛讓我們明白了，我們一直都不是在找「那個人」，而是在為了自己變成那個人的旅程中。如此一來，我們最終才能以那種樣貌出現在另一個人面前；不是因為我們是不需要任何人的超級人種，而是因為所謂「最好的自己」，就是明白自己是一個仍在進程中的作品，是領悟如果我們對自己沒有寬恕與愛，也就無法從伴侶身上接受這些。

所以，這一切或許都跟尋覓我們的永恆之愛無關，我們其實是在學習如何接納它。愛會找到我們，我們的雙生火焰也會，通常就在我們沒指望它會出現的時候。神奇的魔力會找到我們，現實也會。美好時光會找到我們，但痛苦的時刻也會。還有疑慮。然而最終，信心也會。

我們從第三段愛情學到的課題，是了解我們擁有、感受到愛，不是只因為開懷大笑時有雙生火焰相伴，或是在雨中相互依偎，而是因為喚醒我們去探掘自我或提醒我們仍在學習的，正是我們的雙生火焰。

我們以自己的方式照顧這第三段愛情，因為他們正是協助我們成為最好的自己、教會我們如何對自己有愛的那個人。

這不是因為他們必然是最好的，而是因為跟他們在一起，我們成為最好的。

這段關係不僅讓人感覺強烈，而且還能持續，因為雙生火焰是唯一幫助我們看清自己其實從來沒有缺乏什麼的一段關係。我們從未「不完整」，意識到自己的人生注定要不同，或對一段濃烈更甚任何愛情電影的感情深信不疑，這些都沒有錯。

是的，雙生火焰感覺就像我們的「命定之人」——但我們自己也是。

這意味每個雙生火焰一旦為自己發展出自我之愛，而且敞開心胸接收來自伴侶的自我之愛，那麼一段全新的旅程便會就此展開——一段學習如何真正成為「我們」的旅程。

儘管過程中有這些起伏、挑戰與試煉，但讓我們和第三段愛情始終連結在一起的，正是潛藏在無條件之愛當中的這份感受。不是因為一紙結婚證書、一種要做正確事的義務、或是讓我們不斷回頭（或讓我們終於了解沒有所謂的離開）的什麼——永遠都只有愛。

這段感情只是一輩子的成長與學習之旅的開端，最重要的，是去愛。

終曲

你永遠不知道何時會遇見愛

我們都希望自己不只是墜入愛河，而是要成就一段「此生僅此一回」的浪漫故事。沒有人希望平凡，或是認為自己的愛不過是普通的感情。大家都想與眾不同，渴望擁有某個僅屬於自己的東西，因為如此便能感覺跟它更有連結，或更有保護感。

如果我們都相信愛來得容易，而且人人都懂愛，那麼婚姻或關係將只會是一張彼此簽了名的合約；也許這對某些人而言是一條此生注定要踏上的路。儘管如此，我還是不禁懷疑，為什麼？

我們為什麼不願意相信，自己最終會跟那個和我們一同降生到這世上的人在一起？這世上有一個人比任何人都更適合我們——這又有什麼好害怕或難以置信？

這個社會似乎生在懷疑論的盲目當中。不論是當年仍是小女孩的我們在扮家家酒時跟最好的朋友結婚，戴著面紗說出「我願意」，或是長大後大家都說，相信愛可以如此美好根本就愚蠢無比。

但這就是我們該停止的地方。

因為，是誰說愛不能神奇又美好？

還有，你究竟又為何要相信他們看法？

我知道你花了一輩子才到達這個境地。也許此時你正淚眼婆娑地讀著這些，因為你不知道自己是否真能得到你一向相信的——愛。

但是，說真的，容我稍微糾正你：你要的才不只是愛，你全都想要。你想要一個熱情、溫和、體貼、忠心、而且風趣，還要看到早上一團糟的你，不會拔腿就跑的戰士；你想要刺激的體驗，也想要在午夜月光下行過全世界海洋的時刻。

你希望覺得有人懂你。

更重要的，也許是你只是不希望認為自己在愛裡犯了錯。

我們都希望自己是「正確」的，但是，說到愛啊，有時所謂的「正確」，就像你希望還能呼吸，卻拿繩子往自己脖子套那樣危險。你可以選擇去做所謂正確的事，或者，選擇去愛。就這麼簡單。我們曾希望從愛裡得到的東西正在改變，這不但沒關係，甚至還很棒，因為我們追尋的是靈魂層次的伴侶——不是只要一個生活的伴。

我們不想週三固定吃肉餅，接著在週五晚上做愛——我們要的是一個充滿可能性的人生，而在這個人生的最後，所有我們經歷過的愛，將會為某個遠比生育或讓自己削足適履塞進別人設定的模式中還更偉大的事，挺身而出。我們再也不會滿足於那些來得容易的結合，或是那些看似成全了家人及社會要我們去追求的特定觀念。

那很神奇，因為我們理當受到激勵去尋找自己要的愛。

於是我們去愛，甚至一愛再愛，直到覓得自己的雙生火焰。

我們製造機會，並且一路學習。想要更多的欲望讓我們放棄了最好的自己，但這一路走來我們才明白，這世上才沒有童話般的愛情。沒有完美的人，也沒有完美的感情，只有對自己的愛，才會永遠完美。

在這段旅程中，我們不再認為有所謂對的人或錯的人；我們不再去比較各種愛，也知道沒有哪種愛才是最好的；我們開始懂了，在相遇的那一刻，「我們是誰」會比遇見的那個人本身更能反映在這段關係裡。我們了解，那些注定要教導我們課題的人，會像地心引力一樣把我們吸引過去；而我們散發出的氣息，會透露我們的欲求或恐懼。

然而最終，愛就只是愛。

雖然難以言喻，但這是一種對另一個人深深的愛慕之情。透過我們遭遇的挑戰與經歷的喜悅，我們開始明白，要吸引永恆之愛，必須先對自己有愛。於是我們開始意識到那些模式與循環，進而採取不同的選擇，而這只是我們得到那些期盼之物的開端。

因為雖然沒有哪一段感情才是最好的，卻有一個人會以過去無人曾經做過，日後也不會再有的方式，如同一把鑰匙搭配一個鎖，開啟我們的心扉。我們會了解，我們無法以同樣的方式去愛兩次，所以理解與實踐愛的方式也需要改變。

我們不會以愛靈魂伴侶的方式去愛其他人，也不會以對業力激情的相同上癮循環去愛其他人。我們可能會有三個靈魂伴侶，也或許只有一個；我們可能要遇上十個業力伴侶，才能學會教訓，也或許只需要兩個。但是只有一個人，一份愛，不論我們對他貼上什麼標籤或冠上什麼頭銜，不論是否會步入婚姻，這個人將會是永遠改變我們、改變我們如何去愛的人。

一個會成為我們的雙生火焰，而且永遠改變你我與自己的關係的人。

有一個人，會以我們一直期盼的方式愛著我們——一種和我們得為自己學習的相同方式。會來推倒我們的高牆，令我們去質疑每件事的也正是這個人，他打開我們的雙眼，要我們去看你我從來不曉得那竟然存在的世界。

我們可以稱這個人為雙生火焰，但他其實只是他自己：一個懂得愛得不平凡的平凡人。他們獨一無二、圓滿完整、超越各種定義，不是因為他們有超能力，而是因為他們在本可一走了之的情況下仍然留下來，在大可就此放棄的情況下，讓事情得以成功，在一切看似不可能的情形下，仍選擇去愛。

他們幫助我們更像自己，更趨近你我注定要成為的模樣。這個人一直都在，只是我們或許還不知道該怎麼聯繫上他。這個人注定要喚醒我們去注意那些在真實邊緣之外徘徊的可能性；這個人也讓我們知道，愛自己並非要特別去做什麼，而是接納自己——就像他們那樣。

這是一段找尋永恆之愛的旅程，而這段旅程已經、也將會一直伴隨我們。學習成為真我，就得下定決心對自己承諾，也對自己的真理承諾，如此才能融洽地與另一人相處。這個過程也是理解、並接受當中會出現的人性。我們會傷害自己口口聲聲說愛著他的對方，我們會犯錯，而後再次嘗試，一次又一次，因為這就是愛。

愛永遠值得。值得一切。

這不僅是一段放手去愛的旅程，也是學習什麼「不是愛」的旅程。它是我們再也不必跟愛無能或只想遊戲人間的對象經營感情；是知道我們才不是只值得那些約砲電話。

還有，如果想吸引到自己真正想要的，我們就得先做出與它一致的選擇。

但這也是一段永不放棄的旅程。永遠別犧牲自己，也別讓自我或尊嚴阻礙你去做真正重要的事——去愛。

愛情故事不是線性的。也許隨著時間流逝，我們會發現本以為是業力之愛的人，其實是我們的靈魂伴侶，而靈魂伴侶則看似是雙生火焰；又也許雙生火焰有時會跟業力之愛相似。當我們想釐清誰是誰、他們出現在你我生命中又有什麼目的時，也許會暈頭轉向；我們沒有直接去愛，看這段旅程會將我們帶往何方，而是寧可去思考這段旅程是否注定會以分手收場，或是會在星空下低語「我願意」。

這是明瞭沒有人會知道你需要什麼，除了你自己；而真正重要的也不是你怎麼稱呼愛情，而是愛對你來說代表什麼。這是接受「不了解」也是這段旅程的一部分，接受當我們自以為全都懂了，人生也總有辦法證明我們其實全都錯了。但是全都錯了也沒關係，這是一種信任，不僅信任我們會學會注定要懂得的，也會知道當我們注定得做什麼時需要做什麼——最重要的是，我們永遠都會在注定該結束時結束。

還有跟誰。

愛很神奇，愛也無法言喻，愛是迷失在時間邊緣的無數月下之夜與親吻；然而愛也是痛苦的日子與滿是淚痕的臉。愛是雖然你不知將走向何方，但仍相信自己走在對的路上。愛是原諒，再次原諒，對自己的原諒，對伴侶的原諒，因為無法做得更好，儘管我們多麼希望能做得更好，或已試著這麼做了。

愛不是放棄，也不是堅持跟那些無意精進的人在一起。愛是真理，是信任，還有最重要的，愛是信心。我們向他坦露了部分自我的這個人，將盡其所能地不背叛我們——當他們這麼做時，又是一次原諒。

尋找永恆之愛就是學習對單身狀態感到自在；這是跟自己約會，是和好友盡情跟俊俏男子調情，喝馬丁尼多過喝水的週末小旅行；這是獨自入睡，因為我們隔天醒來可不想後悔。

這是了解取悅父母不是我們的工作，融入社會或是傻傻遵循一張既定的人生藍圖也絕非我們的責任，與眾不同沒問題，有時，想要那些沒人要的東西也可以。這是了解自己的力量，錯了就承認，因為結果會好得超乎預期。最重要的是，我們每天醒來都還願意再試一次。

愛不是封閉，即便愛很傷人。愛不是自我保護或自我傷害，只為了拒人於外；它也不是將心關在籠中，只因害怕再次受傷。愛是敞開心扉，而不是想著戀情不會再來。尋找永恆之愛的旅程，就是明白痛苦也是過程。我們必須打開破碎的心，才能讓更多的愛走進來。一段感情必須失敗，我們才能知道下次該怎麼做。有時，我們得讓走遠的人真正地離開，才能明瞭其實我們無法沒有他們。

這是關於拋棄那些我們必須強悍、不要再談感情，或是擺脫太過情緒化的狗屁思維。這是關於拋棄我們得先變成這世界要我們成為的人，或是先去做這世界要我們去做的事，而後才能吸引到伴侶的想法，並且了解這個會永遠愛你的人，不會在意你的髮根變白，或是下巴長了一顆大痘子。它是關於看清我們很混亂，人生很混亂，而愛情更是絕對的混亂，但我們還是願意為愛給出承諾。

我們承諾會去嘗試。因為不論愛情將我們擊倒幾次，總會有那麼一次，它會伸手拉我們站起來。

當我們獨自走在一座陌生城市，撞上一個剛下計程車的人，世界就此天翻地覆；或是因為夢見前任而跟他們聯絡，才知道原來他們也夢到我們。如果這段愛注定會出現，它便會出現。它會再來。第一次，甚或第無數次。

但是它一定會再來。

因為這整個尋覓真愛的過程並不是一種科學，目的不是要我們去量化它，而是從中學習。對它保持開放，對它有信心，對自己、也對這段旅程有信心。它是對自己承諾別在感情中迷失自我，也不要有所保留。它是明白別認為每件事都跟自己有關，同時了解，就算有人說不，也不代表那是對我們的否定。它是深深陶醉在我們為自己所保留的愛當中，我們因而知道愛一直都在。

就算是單身，我們也從來沒有缺乏愛，因為我們深愛自己。

因此，我們做了不同的選擇。我們放慢腳步，計畫，認為我們知道所有事情，或是假裝都知道。我們放棄備用計畫，不再在夜深人靜之際還滑手機看約會軟體。因為我們知道自己要的不是一個只可上床的人，而是一個能一同醒來的人。

它是接受我們全都想要，但只是因為我們已先將一切給了自己。我們學會了，不論是愛或接納，我們都不能對自己有所保留。我們學會自己值得美好的事物，因為我們自己正是美好的。我們接納自己既想獨立、也希望有人相伴；我們想有時間獨處，也希望夜夜都有人相擁入眠。我們想自由地橫越這美麗又偉大的世界，也想要有人在家為我們加油。

這段旅程不是只與明白我們是誰，或愛是什麼有關，也和我們要如何被愛，才能成為最好的自己有關。持續成長，成為我們絕不放棄的那個最好的自己。因此，我們來到要將愛與關係排出優先順序的時刻了。我們不再追尋愛情，不再企圖讓愛發生，不再試著去喚醒某人，讓對方知道我們是誰或我們在分享什麼。我們不再相信自己能掌控一切。於是我們便單純地存在著。我們在愛中存在，因為我們就是愛。我們對自己有愛，也愛隨後會出現的各種可能，儘管我們還不知道那會是什麼。

於是我們隨遇而安，逐漸與它和平共處。

那就是改變一切的時刻。

那就是我們再次遇見愛的時刻，而且我們明白，它無法強求，也無法說服——甚至不是我們能夠或缺的。相反的，它是我們這整趟旅程行進的方向。

一趟讓我們的雙生火焰找到我們的旅程——而當它們找到時，我們也已準備好了。

銘謝

沒有 Elephant Journal 這個網站，就沒有我的寫作歷程。謝謝你們成為我發表文章的第一個平台；還要謝謝艾希莉・傑・希區考克（Ashleigh Jai Hitchcock），擔任我的第一任編輯，並且教我如何成為一個更好的作家。作家馬修・凱利（Matthew Kelly），在讀了我發表在 Elephant Journal 上的文章後，主動跟我聯繫，並且成為我寫第一本書的動力，對此我永遠心存感激。他一路上給我的鼓勵與協助，包括介紹超棒的經紀人，喬瑟夫・杜勒普斯（Joseph Durepos）給我，永遠的改變了我的人生，並且促成了這本書的誕生——謝謝你。致莎菈・卡德（Sara Carder）、瑞秋・艾約特（Rachel Ayotte）、以及所有在 TarcherPerigee 出版社的人，謝謝你們相信我，謝謝你們看見這本書的可能性，因為有你們的支持、努力與指導，使得這本書能夠問世。最後，給我的家人：給我的女兒們，在媽媽整天埋首寫書的時候，你們吃著麥片當晚餐就覺得滿足；

給我的父母，當我工作到很晚的時候，如果沒有他們幫忙照顧我的女兒，這本書就不可能完成。我永遠對各位心存感激。謝謝你們。親親！

我需要你的愛，更需要找到自己：

靈魂伴侶、業力激情、雙生火焰——從此生必將經歷的「三段愛」，了解愛情的最終使命。

You Only Fall in Love Three Times: The Secret Search for Our Twin Flame

作者	凱特・蘿絲 Kate Rose
譯者	黃意雯
社長	陳蕙慧
總編輯	卜祇宇
行銷	陳雅雯、趙鴻祐、張偉豪
封面設計	井十二設計研究室
排版	宸遠彩藝
印刷	通南彩色印刷股份有限公司
出版	開朗文化 / 遠足文化事業股份有限公司
發行	遠足文化事業股份有限公司（讀書共和國出版集團）
地址	231 新北市新店區民權路 108-2 號 9 樓
電話	(02) 2218-1417
傳真	(02) 2218-0727
客服專線	0800-221-029
信箱	service@bookrep.com.tw
法律顧問	華洋法律事務所 蘇文生律師
出版日期	2021 年 9 月 初版一刷 2023 年 7 月 初版三刷
定價	新台幣 320 元
ISBN	9789860660722（紙本） 9789860660760（EPUB） 9789860660746（PDF）

You Only Fall in Love Three Times: The Secret Search for Our Twin Flame
Copyright © 2020 by Kate Rose
All rights reserved including the right of reproduction in whole or in part in any form.
This edition published by arrangement with TarcherPerigee, an imprint of Penguin Publishing Group, a division of penguin Random House LLC.
Complex Chinese translation © 2021 by Lucent Books, a branch of Walkers Cultural Enterprise Ltd.
This edition is published by arrangement through Bardon Chinese Media Agency

中文翻譯版權所有，翻印必究 ALL RIGHTS RESERVED
本書中言論內容，不代表本公司 / 出版集團之立場與意見，文責由作者自行承擔

國家圖書館出版品預行編目 (CIP) 資料

我需要你的愛，更需要找到自己：靈魂伴侶、業力激情、雙生火焰——從此生必將經歷的「三段愛」，了解愛情的最終使命。/ 凱特 . 蘿絲 (Kate Rose) 著；黃意雯譯 . -- 初版 . -- 新北市：開朗文化，遠足文化事業股份有限公司發行，2021.09

248 面；14.8 X 21 公分

譯自：You Only Fall in Love Three Times : The Secret Search for Our Twin Flame

ISBN 978-986-06607-2-2(平裝)

1. 愛　2. 人際關係

199.8　　110013188